Jörg Zink · Kostbare Erde

Wer auch nur mit halber Aufmerksamkeit verfolgt, was um ihn her geschieht, kann wissen, wie unerhört gefährdet die Lebensräume von Mensch, Tier und Pflanze auf diesem Planeten sind. Man kann wissen, daß es so nicht weitergehen darf, und handelt doch unverändert weiter wie bisher. Man kann wissen, daß sich um des Lebens auf dieser Erde willen etwas ändern muß. Aber es ändert sich so gut wie nichts.

Das vorliegende Buch ist dennoch keine Kampfschrift. Es nimmt keine politische oder wirtschaftliche Diskussion vorweg. Es geht in einer Reihe von Reden einen einfachen Gang durch die großen Bilder des Glaubens. Wenn Christus auferstanden ist – was bedeutet das für die Welt, in der wir leben? Wenn Gott Mensch wurde auf dieser Erde – was bedeutet das für unsere Erde? Wenn uns der Geist Gottes gegeben ist – wie gehen wir dann mit der Welt um, die vom Geist Gottes geschaffen ist?

Jörg Zink

Kostbare Erde

Biblische Reden
über unseren Umgang mit der Schöpfung

Kreuz Verlag Stuttgart · Berlin

CIP-Kurztitelaufnahme der Deutschen Bibliothek

Zink, Jörg:
Kostbare Erde : biblische Reden über unseren Umgang mit der Schöpfung / Jörg Zink. – 1. Aufl., (1.–25. Tsd.). – Stuttgart; Berlin: Kreuz-Verlag, 1981.
ISBN 3-7831-0617-6

1. Auflage (1.–25. Tausend)

Umschlagfoto: Jörg Zink
Gestaltung: Hans Hug
Gesamtherstellung: Clausen & Bosse
ISBN 3 7831 0617 6

Inhalt

Vorwort

Der erste Satz unseres Glaubensbekenntnisses lautet: »Ich glaube an Gott, den Vater, den Allmächtigen, Schöpfer Himmels und der Erde.« Das ist klar, und es ist der Satz des Bekenntnisses, auf den Christen und Nichtchristen sich noch am leichtesten zu einigen vermögen.

Was aber bedeutet es, daß wir einerseits mit diesen Worten sagen, diese Welt sei die Welt Gottes, andererseits aber leben, forschen, produzieren, wegwerfen und die Erde zerstören und ausbeuten, als gehöre sie uns und als seien wir niemandem, auch Gott nicht, Rechenschaft schuldig? Ist unser Umgang mit unserer Welt nicht Ausdruck einer brutalen Verachtung der Schöpfung und des Schöpfers? Ist es nicht gerade die von den christlichen Völkern ausgehende Zivilisation, die mit Menschen fernerer Regionen, mit Tier und Pflanze, mit Lebensgrundlagen und Lebensbedingungen, mit Rohstoffen und Lebensräumen umgeht, als gäbe es nur das eigene wohlstandsbesessene Lebensrecht?

Wer auch nur mit halber Aufmerksamkeit verfolgt, was um ihn her geschieht, kann wissen, was heute freilich auch Kundige und Verantwortliche erfolgreich verdrängen: wie unerhört gefährdet die Lebensräume von Menschen, Tier und Pflanze auf diesem Planeten sind. Man kann wissen, daß es so nicht weitergehen darf, und handelt doch unverändert weiter wie bisher. Man kann wissen, daß sich um des Lebens auf dieser Erde willen etwas ändern muß. Aber es ändert sich so gut wie nichts.

Wer zudem mit Menschen zu tun hat, steht heute unter dem unausweichlichen Eindruck, daß die Verwüstung der Welt sich in den Menschen spiegelt. Die

Welt verödet, und die Menschen veröden mit, und kein wachsender Wohlstand gleicht das Elend aus. Wer die Welt ausbeutet, beutet auch den Menschen aus. Der Mensch ist in das Wurzelwerk der Schöpfung eingebunden. Er lebt und stirbt mit ihr.

Nun gehört es zu den Kennzeichen der Kirchengeschichte im Zusammenhang der politischen Geschichte, daß die Kirche immer wieder an einen Punkt gerät, an dem sie haltzumachen hat, jenen Punkt, den wir den »status confessionis« nennen. Ich meine zu sehen, daß die Kirche, will sie den ersten Glaubensartikel weiterhin in ihrem Bekenntnis bewahren, heute an diesen Punkt gelangt ist, an die Frage nämlich: Ist diese Welt die Welt Gottes oder nicht? Wenn ja, was folgt daraus?

Wird unsere Kirche ihr Wort finden? Noch ist es ungewiß. 1880, in der Zeit der Sozialistengesetze, fanden die Kirchen kein Wort zur Lösung der sozialen Frage. 1914 fanden sie kein Wort gegen den Krieg, 1930 keines gegen den militanten Nationalismus und seine gottlose Rassentheorie. Und wie sie 1945 ein Schuldbekenntnis ablegte, so wird sich, wenn sie heute den Augenblick des Bekennens versäumt, gewiß in etlichen Jahrzehnten, mitten im aussichtslosen Überlebenskampf der Menschheit, eine ehrwürdige Kirchenversammlung zusammenfinden und ein Schuldbekenntnis ablegen, etwa nach dem Klageton:

»Wir bekennen, daß wir wieder einmal geschlafen haben. Wir bekennen, daß uns das Wachstum der Wirtschaft heiliger war als das Leben der Menschen, der Fortschritt kostbarer als die Schöpfung Gottes, die freie Fahrt des freien Menschen wichtiger als unsere Verantwortung für die Erde« – oder wie immer die traurige Litanei dann lauten wird.

Vielleicht aber wird die Kirche ihr Wort finden. Sie hat es in der Schicksalsfrage der sechziger und siebziger Jahre gefunden. Sie hat immerhin jene Ostdenkschrift veröffentlicht, ohne welche die ganze seitherige Ost- und Entspannungspolitik nicht möglich gewesen wäre. Sie hat vor-gedacht, was danach von anderen mit-gedacht und nach-vollzogen werden konnte. Ich meine nun, das Thema, das die Kirche heute vorzudenken, mindestens aber mitzudenken hätte, ehe es zum Nach-Denken zu spät ist, sei das Thema der Gefährdung des Lebens auf unserer Erde, der Erde Gottes. Was sie zu sagen hätte, wäre gewiß ebenso unbequem wie jene Denkschrift und ebenso ein Gegenstand des Streits. Aber es könnte das notwendige Wort zur Stunde sein. Und immerhin brauchte sie nur aufzugreifen, was unzählige einzelne Christen und einzelne Pfarrer in Wyhl oder Gorleben begonnen haben und was von einzelnen Studiengruppen längst erarbeitet worden ist.

Das vorliegende Buch ist dennoch keine Kampfschrift. Es nimmt keine politische oder wirtschaftliche Diskussion vorweg. Es geht in einer Reihe von Reden einen einfachen Gang durch die großen Bilder des Glaubens. Es redet von Christus und vom Geist Gottes, und zwar so, daß dabei im Hintergrund immer mitgedacht wird: »Wir glauben an Gott, den Schöpfer.« Es versucht, den ersten Artikel mit dem zweiten und dem dritten zusammen zu sehen, zusammen zu verstehen und zusammen zu deuten. Wenn Christus auferstanden ist – was bedeutet das für die Welt, in der wir leben? Wenn Gott Mensch wurde auf dieser Erde – was bedeutet es für unsere Erde? Wenn uns der Geist Gottes gegeben ist – wie gehen wir dann mit der Welt um, die vom Geist Gottes geschaffen ist?

Ökologische Momentaufnahme:

Wolkenkratzer. Zwei Fensterputzer stürzen vom 96. Stockwerk aus in die Tiefe. Der eine schreit vor Entsetzen auf dem Weg nach unten und ruft nach seiner Frau und seinen Kindern und nach Gott. Der andere hört sich das bis zum 2. Stockwerk an und ärgert sich: Warum schreist du denn so? Bis jetzt ist uns überhaupt nichts passiert!

Ich liebe dich, schöne Erde!

Eine Rede über die Welt, die Erde, die Schöpfung Gottes, über Mensch und Tier, Pflanze und Stein, Meer und Himmel, muß mit einer Liebeserklärung beginnen. Sie muß damit beginnen, daß wir von der Schönheit dieser Erde reden, von ihrer Kraft und ihrer Zartheit, von ihren Farben, ihren Tönen, von der Weisheit, die in sie gelegt ist, und von der Abgründigkeit, die in allem ist. Sie muß auch davon reden, daß diese Welt eine Zukunft hat, daß der Gott, der sie schuf, sie weiter wandeln wird wie bisher und sie einer Vollendung entgegenführt, die wir nur ahnen können.

Ich liebe Bäume und Felsen, Bäche und Singvögel, ich liebe die Wüste und den Sumpf, das Meer und das Hochgebirge und die sanften Formen von »Berg, Hügel, Tal und Feldern«. Ich habe nichts gegen die Erde, auch nichts gegen ihre Leiblichkeit, nichts gegen ihre Vitalität und Hintergründigkeit, nichts gegen Fäulnis und neues Leben aus der Verwesung. Ich finde sie gut, einschließlich von Geburt und Tod in ihrer tausendfältigen Gestalt. Ich fühle mich ganz und gar als ein Wesen dieser Erde, und ehe ich in das allgemeine Klagelied über Leid, Gewalt und Tod in ihr einstimme, bin ich gesonnen, immer noch einmal dafür zu danken, daß ich in dieser herrlichen, vitalen, schönen Welt lebe.

Ich liebe auch die Lieder, in denen die Bibel die Freude an der Erde in Verse faßt, etwa dieses:

»Ich will dich rühmen, Herr und Gott!
Wie bist du so groß!

Pracht und Glanz sind dein Kleid.
Licht hüllt dich ein wie ein Mantel.
Du spannst den Himmel aus wie ein Zelt
und thronst hoch über allen Himmeln.
Wolken sind dein Wagen.
Auf den Flügeln des Windes fährst du dahin ...

Du läßt die Quellen rinnen durch die Täler,
zwischen den Bergen laufen sie dahin.
Sie tränken die Tiere auf dem Feld,
und die Wildesel löschen ihren Durst.
An ihren Ufern wohnen die Vögel,
die unter dem Himmel fliegen,
und singen unter den Zweigen.

Du tränkst die Berge mit deinen Wassern,
aus deinen Wolken wird die Erde satt.
Du läßt das Gras sprießen für die Tiere
und Saatgrün unter der Arbeit des Menschen,
daß er sich Brot aus der Erde hole
und Wein, der sein Herz froh macht.
Daß sein Gesicht fröhlich sei vom Öl,
das er erntet,
und das Brot sein Herz stärke.

Du hast den Mond gemacht,
nach dem wir das Jahr teilen,
und die Sonne, die ihren Lauf kennt
bis zu ihrem Niedergang.
Du, Herr, schaffst Finsternis.
Es wird Nacht,
und das Getier des Waldes beginnt sich zu regen.
Die jungen Löwen brüllen nach Raub
und fordern ihre Speise von dir.
Wenn die Sonne aufstrahlt,
ziehen sie heim
und lagern sich in ihren Höhlen.

Da tritt dann der Mensch heraus
und geht an sein Werk
und tut seine Arbeit bis zum Abend.

Herr, unendlich reich sind deine Werke.
In Weisheit hast du sie alle erschaffen,
und die Erde ist deiner Schöpfungen voll.«
(Psalm 104)

Bin ich ein Träumer, wenn ich so von der Schöpfung rede? Ein Schwärmer, wie Theologen gelegentlich sagen, wenn ihnen ein Gedanke begegnet, der mehr mit dem Herzen als mit dem Kopf zu tun hat? Weiß ich nichts vom millionenfachen Leid der Kreatur, von Fressen und Gefressenwerden, von Hunger, Angst und Hilflosigkeit allüberall? O doch. Ich weiß es gründlich, und es wird wahrhaftig in diesem Buch noch davon die Rede sein. Aber das erste Wort ist es nicht. Wenn ich das warme, weiche Maul eines Esels in meiner Hand spüre und weiß: dies ist ein mir brüderlich verbundenes Geschöpf Gottes, dann ist mein erstes Wort nicht die Anklage, sondern die Dankbarkeit. Die Klage, die uns mit der übrigen Kreatur verbindet, mag danach folgen und unsere Verantwortung für alles, was lebt und leidet, einschließen. Ich meine aber: Soll praktische Verantwortung etwas wirken und etwas wert sein, so muß ihr eine Liebeserklärung vorausgehen.

Aber die Erde ist für mich nicht einfach nur die wunderbare Welt der Schöpfung, die sorgsam zu hüten wir allen Grund haben; sie war für mich, seit ich ein junger Mensch war, immer auch ein Ort und Gegenstand geistlicher Betrachtung. Zuzeiten meinte ich, meinen theologischen Lehrern glauben zu müssen, daß in der Schöpfung kein Weg gangbar sei zum Geheimnis Gottes. Aber sie konnten mich auf die Dauer nicht überzeugen. Die Welt des Geschaffenen war mir immer der Ort, an dem ich den Vater wiedererkannte, von dem das Evangelium redet, und der Ort, an dem ich den Christus wiederfand, von dem doch gesagt wird, er sei der Anfang und das Ende aller Dinge.

Vielleicht haben sich im Lauf meines Lebens die Gewichte ein wenig verschoben. Als junger Mensch liebte ich den Gott des Evangeliums, wie er mir in den Dingen begegnete. Heute, da uns das Leiden mit der Kreatur näher liegt als die unbeschwerte Freude an ihr, liebe ich die Dinge, wie sie in Gott sind: so bewahrt, so geschützt in ihrem Sinn und Wesen, so durchlichtet von Hoffnung, so unserer Liebe anvertraut.

Und das eine hat mich durch vierzig Jahre begleitet: daß wir den menschgewordenen Christus nur verstehen, wenn uns der Gott des Himmels auch ein Gott der Erde geworden ist.

Das Zeichen des Jona

Frage:
Was kommt auf uns zu?

Das Thema «Zerstörung der Erde« ist gestellt. Wer Bescheid wissen will, kann Bescheid wissen. Es gibt, seit den ersten Warnungen des Club of Rome, eine ganze Literatur zum Zustand der Erde. Jeder kann wissen, was droht. Jeder kann wissen, daß es so nicht weitergeht. Und es geht doch so weiter. Jeder kann wissen, daß unsere Erde endlich ist, daß dem Wachstum der Industrie, dem Verbrauch, der Anhäufung von Abfall Grenzen gesetzt sind. Jeder wartet darauf, daß irgend etwas sich ändert, ehe es zu spät ist. Aber was sich ändert, ist kaum der Rede wert. All dies wäre nur zu korrigieren, wenn man bereit wäre, von einigen Voraussetzungen abzuspringen, die unsere wissenschaftlich-technische Welt geschaffen haben: von dem Anspruch auf bedingungslose Freiheit zum Beispiel und von der Meinung, der Mensch sei fähig, die Geheimnisse der Schöpfung auf seinen kleinen Schiefertafeln nachzurechnen.

Eine Flucht in die Freiheit

Wenn ich die Zeichen dieser Zeit richtig deute, dann leben wir in einer Epoche der Geschichte der menschlichen Zivilisation, die das Leben und den Bestand der Schöpfung tödlich bedroht. Ich denke an ein Wort Jesu, in dem er von den »Zeichen der Zeit« spricht.

Als er in seinen letzten Tagen nach Jerusalem kam und den Tempel betrat, schlug ihm dort der Haß der Amtsträger und der Gelehrten entgegen. Nur ein paar Menschen sangen ihm zu Ehren den alten Hymnus: »Gib deine Hilfe dem Sohne Davids, Hosianna!« Und das waren Kinder.

Lärmende Kinder bringt man zum Schweigen, wenn sie etwas aussprechen, das den Meinungen der Erwachsenen zuwiderläuft. Man greift den an, den die Kinder da rühmen, und fragt: Hörst du nicht, was die schreien? Und Jesus antwortet mit dem Wort aus dem 8. Psalm: Habt ihr nie gelesen: »Durch den Mund der Kinder, ja der Säuglinge wird deine Herrlichkeit gepriesen«? (Matthäus 21,15–16).

An die Herrlichkeit des Christus wollten die Zeitgenossen nicht glauben und verlangten eine Legitimation. »Laß uns ein Zeichen vom Himmel sehen!« forderten sie einmal von ihm, »dann wollen wir dir glauben.«

Und Jesus gab zur Antwort:

»Abends sagt ihr: Es wird ein schöner Tag werden,
denn der Himmel ist rot.
Morgens sprecht ihr: Es wird regnen,
denn der Himmel ist rot und trübe.
Über die Vorzeichen am Himmel
könnt ihr urteilen.

Warum denn nicht
über die Zeichen dieser Zeit?
Ihr sucht ein Zeichen in eurer Gottlosigkeit.
Ein Zeichen vom Himmel.
Euch wird ein Zeichen gegeben werden:
Ein Zeichen aus der Hölle.
Das Zeichen des Propheten Jona.
Und er ließ sie stehen und ging seiner Wege.«
(Matthäus 16,1–4)

Was meint Jesus? Wer ist Jona? Wovon redet die Geschichte?

Ein Mann fährt von Jaffa aus nach Westen, Richtung Sizilien, in einem Segelschiff, wie sie vor dreitausend Jahren das Mittelmeer befuhren; ein einsamer Passagier wie viele, und das Schiff gerät in einen Sturm. Das ist nichts Besonderes. Das haben damals jedes Jahr Tausende getan, und Tausende gerieten in irgendeinen Sturm.

Aber die Geschichte hat einen doppelten Boden. Sie erzählt, was in der Seele eines Menschen geschieht, mit den Bildern einer Seefahrt. Sie erzählt die Geschichte einer Flucht. Da weiß einer genau, was er soll. Er weiß genau, was Gott von ihm will: daß Gott ihm einen Weg zugemutet hat, weit durch Wüsten und über Gebirge, einen langen, anstrengenden, mühsamen Weg, von dem er nicht weiß, ob er sich je lohnen wird.

Zu den Menschen einer Großstadt soll er gehen, einer Stadt, die er haßt und verachtet. Zu Menschen, die »nicht wissen, wo rechts und links ist«, und soll ihnen die Wahrheit über ihre Situation sagen, die Wahrheit über ihre Zukunft, die Wahrheit über die Bedingungen des Überlebens. Aber ihm wäre lieber, das ganze lebensunfähige, lebensfeindliche Gemeinwesen ginge in einem großen Spektakel unter. Er geht nicht nach Ninive. Erbarmen mit den Menschen dieser Stadt? Nein. Er will nicht. Er sperrt sich. Er dreht sich um und geht einen anderen Weg, hinab ans Meer, besteigt ein Schiff und fährt davon. Ganz legal. Er zahlt seine Fahrkarte. Er legt sich auf die Bank, die man ihm zuweist, und schläft.

Die Rede ist von Jona. Jona ist der Mensch, der die Welt der Zumutungen, der Aufgaben und der Verantwortungen verläßt und in die Freiheit fährt. Er träumt von der großen, weiten, schönen Welt jenseits der Meere, in der keiner mehr etwas von ihm will. Als er aufwacht, ist Sturm, und das Schiff tanzt auf den Wellenkämmen. Das Segel schlägt im Wind. Es ist finster. Der Traum von der schönen Welt ist ausgeträumt. Die Leute stehen zitternd und frierend und halten sich in der Finsternis an irgendeinem Seil fest, damit der Sturm sie nicht über Bord reißt.

Aber Jona entzieht sich nicht nur seinem Auftrag, er läuft auch seiner eigenen Erkenntnis davon. Als die Leute ihn fragen: Woher kommst du?, da sagt er: »Ich bin ein Hebräer und glaube an den Herrn, den Gott des Himmels, der das Meer und das Land gemacht hat.« So weiß er, daß er seinem Gott auf keine Weise entrinnen wird, und redet sich doch ein, dies werde ihm möglich sein.

Die Geschichte hat einen dritten Boden. Meist enden Geschichten dieser Art entweder mit einer Rettung oder damit, daß die Fahrgäste mit ihrem Schiff untergehen und man Tage später auf irgendeinem sandigen Ufer ein paar Bretter findet. Auch das könnte noch die ganz normale Seelengeschichte eines Menschen sein.

Aber die Geschichte von Jona, dem Flüchtling in eine bessere Welt, spielt noch tiefer hinunter, in einen Abgrund, der tiefer reicht als die Seele eines Menschen. Am Ende, so wird erzählt, findet sich Jona im Maul eines großen Fisches und schließlich in seinem Bauch. Das Abgründige – ob man es als den Tod bezeichnen will oder als die Hölle oder als was immer – verschlingt ihn. Es ist finster. Das Entsetzen drückt ihm die Kehle zu.

Auch da könnte die Geschichte ihren katastrophalen Schluß finden. Aber sie geht weiter; ganz und gar unrealistisch. Da fühlt sich Jona plötzlich, seltsam, irgendwie geborgen. Warum eigentlich? Es ist niemand da, der ihn tröstet. Niemand, der ihm ein Licht bringt. Niemand, der ihn hinausläßt. Und er ist dennoch fähig, plötzlich, zu singen, und er singt das berühmte Lied des Menschen im Bauch des Fisches.

Nach drei Tagen öffnet sich ihm der Schlund der Hölle. Er sieht Licht. Wasser wirbelt um ihn her, und er findet sich am Strand des Meeres. Die Sonne scheint hell und warm. Er lebt, er steht auf, er reckt sich, er besinnt sich. Es ist wie ein Ostern. Aber für Jona wird die Stunde nicht zu einer Stunde der Auferstehung. Er erinnert sich: Ich soll nach Ninive gehen. Mit verdrossener Miene macht er sich, unter Zwang und Druck, wie er meint, auf den Weg dorthin. Er will beweisen, daß er recht hat. Er redet in Ninive, wie Gott es ihm auftrug: »Noch vierzig Tage, dann wird Ninive untergehen!« Und er erwartet, daß der verdammte Sündenpfuhl zu einer Umkehr unfähig und also dem Strafgericht Gottes verfallen ist. Aber seiner Rechthaberei zum Trotz zeigen sich die Menschen von Ninive zur Umkehr fähig. Das Strafgericht bleibt aus, die Stadt ist gerettet, und Jona verkriecht sich in seinen kindischen Trotz.

Das «Zeichen des Jona« ist das Zeichen, das dem Propheten widerfährt: daß es für ihn eine Auferstehung nur aus dem tödlichen Abgrund heraus gibt und daß auch diese Auferstehung versäumt, vertan, verloren werden kann. »Das Zeichen des Propheten Jona, ein Zeichen aus der Hölle, wird man euch geben«, sagt Jesus. Wir hören dieses Wort heute, da wir über das Ende der Dinge in einer sehr neuen Betroffenheit nachdenken. Freilich, ein Unterschied bleibt: Jona, die merkwürdige Gegenfigur zu Christus, predigt den Untergang. Jesus lenkt unsere Gedanken auf das Reich, und er gibt damit unserem Nachdenken nicht nur eine Richtung, sondern auch eine Hoffnung.

Die Geschichte von Jona, so archaisch die Bildwelt erscheinen mag, in der sie spielt, ist in unserer Gegenwart merkwürdig häufig erzählt, abgebildet, nachgespielt, ausgelegt worden. Man empfindet, die Situation des Menschen, der sich heute über seine Lage keinen Illusionen hingibt, sei die des Jona im Bauch des Ungeheuers. Die Menschheit, so spürt man, ist eingeschlossen von ihrer eigenen Macht, ihrem eigenen technischen Können, ihren eigenen Erfindungen, ihren Wahnvorstellungen vom ewigen Fortschritt und von der herrlichen, machbaren Zukunft.

Der Mensch ist davongelaufen. Er hatte einmal den Auftrag, die Schöpfung Gottes zu bewahren und zu schützen. Aber dann suchte er in seinem grenzenlosen Egoismus eine neue, andere Welt, wie sie sich nur noch für ihn allein, den Menschen, eignete. Er suchte das Glück der Herrschaft, und es war ihm gleichgültig, was aus den übrigen Geschöpfen Gottes würde. Mitten auf dieser Fahrt in eine bessere Welt, in der er nicht mehr glauben wollte, sondern wissen, nicht mehr gehorchen, sondern das Glück der Freiheit genießen, mitten auf dieser Fahrt überfällt ihn nun die plötzliche Einsicht wie ein Unwetter. Und wenn er, der sogenannte moderne Mensch, sich keinen Illusionen hingibt, dann weiß er, daß der Untergang kein böser Traum und keine Phantasie ist, keine Science-fiction und kein kosmischer Roman, sondern finstere Wirklichkeit.

Da unterhält sich also Jesus mit ein paar Leuten. Sie fragen ihn: Wie ist denn das nun mit Gott? Du behauptest, dieser Gott habe uns etwas zu befehlen. Laß ihn sehen! Wenn du ihm so nahe bist, so auf Du und Du mit ihm verbunden, dann sag ihm doch, er solle etwas tun. Er solle vom Himmel herab reden, einen Berg versetzen, eine Kuh fliegen lassen oder Feuer zaubern irgendwo zwischen Erde und Mond, einen Stern herabwerfen oder was immer. Jedenfalls: ein Zeichen vom Himmel. Aber dein Gott tut ja nichts.

Als Paulus mit den Römern in seinem Brief über diese Frage spricht, da sagt er: Was man von Gott wissen kann, das ist euch bekannt. Gott hat gesprochen. Es gibt Millionen Zeichen von Gott, falls einer Augen hat, sie zu sehen. Er hat eine Welt geschaffen voll Geist und Leben und Kraft und Schönheit und in unendlich vielen Formen und Gestalten. Er hat sein Wesen und Wirken anschaulich vorgezeigt, jedenfalls für Leute, die überhaupt etwas sehen wollen. Natürlich, sagt Paulus, sehen wir, was an Gott unsichtbar ist, nicht. Aber wir sehen sein Werk, seine uns zugewandte Seite, soferne wir Lust haben (Römer 1,19.20). Und als Jesus mit den Leuten dasteht, sagt er im Grunde dasselbe: Ihr wollt etwas sehen, das Gott tut. Ihr habt doch Augen im Kopf! Wenn der Himmel abends rot ist, sagt ihr: Es wird morgen schön. Und wenn der Himmel morgens rot ist und trübe, sagt ihr: Es wird regnen. Ihr könnt also die Zeichen des Himmels deuten. Wenn ihr nicht träumt! Wenn ihr hinschaut! Aber warum erkennt ihr die Zeichen dieser Zeit nicht? Vielleicht werdet ihr nicht eher wach, als bis man euch das Zeichen des Propheten Jona gibt. Ein Zeichen nicht vom Himmel, sondern aus der Hölle. – Und er läßt sie stehen und geht seiner Wege.

Stimmen der Anklage

Die Zeichen der Zeit klagen an. Die Zeichen, die wir heute in unserer Welt erkennen, sind die Zeichen eines Gerichts.

Da war die europäische Menschheit nun seit dreihundert Jahren mit großen Plänen in die Ferne gefahren. In das Land der Vernunft fuhr sie und ließ den Glauben hinter sich. In das Land der Wissenschaft fuhr sie und ließ die Träume hinter sich. In das Land der Freiheit fuhr sie, in das Land der Selbstverwirklichung des von religiösen Zwängen ungehemmten Menschen. In das Land von Freiheit, Gleichheit und Brüderlichkeit. In das Land, in dem es keine Angst mehr geben würde, kein Unrecht, keinen Himmel und keine Hölle, sondern nur noch das Glück aller.

Man lernte, die Welt zu verstehen und ihre Kräfte und Gesetze auszunützen. Man verzichtete auf Wunder vom Himmel und schuf statt dessen die Wunder selbst. Bis in die letzten Jahrzehnte des Friedens hinein ging die Reise weiter. Die Wirtschaft wuchs. Die Atombomben blieben in den Kellern. Die Autos wurden schneller und schöner. Die

Einkommen stiegen. Wir saßen fröhlich auf dem Kahn, auf dem der Prophet Jona übers Meer fuhr. Wir kamen uns vor wie die Herren der Welt, wie das alte Seemannslied sagt, die »Könige auf dem Meer«, auf der Fahrt in die herrliche Zukunft.

Aber seit einigen Jahren kann, wer Augen im Kopf hat, das Unwetter kommen sehen. Seit wir begonnen haben, über die Grenzen des Wachstums nachzudenken, sehen wir geradewegs vor uns auf unserem Kurs die Wolken hochsteigen. Und seit kurzem überschlagen sich denn auch schon die Katastrophenmeldungen:

Die Ozeane werden leergefischt. Sie füllen sich mit Schmutz und werden in wenigen Jahren fast ohne Leben sein. Mit der Zerstörung der Meeresfauna und -flora ist die Hoffnung dahin, daß die Menschheit ihre Ernährung künftig aus den Meeren ergänzen könnte. Die Wüsten dehnen sich aus. Seit die Zivilisation sich in die Wüsten begab, sterben die Oasen und trocknen die Weidegebiete ihrer Bewohner aus. Mit Tiefbrunnen verbraucht man das Grundwasser. In der Sierra Nevada in Amerika sterben die Bäume an der Luft, die aus dem hundert Meilen entfernten Los Angeles herüberweht, in Skandinavien an den Emissionen der Industriegebiete in Deutschland und England. Zwanzig Millionen Hektar Wald verschwinden jährlich von der Erdoberfläche. Tier- und Pflanzenarten in unserer eigenen Heimat reduzieren sich mit Windeseile auf einen Bruchteil ihrer bisherigen Vielfalt. Die Böden werden vergiftet. Die Umwelt wird zerstört durch die Verschmutzung des Wassers und der Luft und die Ablagerung von Müll. Sie wird zerstört durch Straßen- und Städtebau, durch Entwässerungen, durch Monokulturen in Wald und Feld. Sie wird erschöpft durch Ausbeutung von Rohstoffen. Die chemische Zusammensetzung der Erdatmosphäre verändert sich durch die massenhafte Verbrennung von Erdöl. Bücher sind heute zu füllen mit der Beschreibung des Schattens, den die kommende ökologische Katastrophe vorauswirft.

Die Politik der Regierungen hat bisher weder die Einsicht gezeigt noch wird sie künftig die Mittel haben, die der Herausforderung entsprächen. Die Wissenschaft hat keine Möglichkeit, die Zukunft wirklich rational vorwegzunehmen. Ihre Prognosen irren ständig. Die Wirtschaft verliert durch die schärfer werdenden Verteilungskämpfe den letzten Spielraum, zu einer umweltbewußteren Produktionsweise zu kommen. Und die Zahl der Fachleute, die vor dem kommenden Unheil resignieren, wächst beängstigend.

Vor hundertzwanzig Jahren (!) schrieb Georg Perkins March:

»Die Erde wird schnell zu einem ungeeigneten Heim für ihren würdigsten Bewohner, und eine weitere Zeitspanne gleicher menschlicher Verbrechen und menschlicher Verschwendung von vergleichbarer Dauer wie die, durch die die Spuren jetziger Verbrechen und jetziger Verschwendung sich erstreckten, würde sie zu einem derartigen Zustand von erschöpfter Produktivität, zerstörter Oberfläche, klimatischer Auswüchse bringen, daß Zerrüttung, Barbarisierung und vielleicht sogar Auslöschung der Spezies drohen.«

Es dauerte hundert Jahre seit jener ersten Einsicht, bis man in diesem Land, ohne verlacht zu werden, von einer Umweltkrise reden konnte. Wer von der Natur sprach, war ein in Sandalen laufender Naturapostel, eine komische Figur am Rande.

Die Vereinten Nationen haben vor kurzem eine Umweltdiagnose veröffentlicht, die uns eigentlich den Atem nehmen sollte. Sie besagt, daß wir bereits ein Drittel alles Waldes auf dieser Erde abgeholzt haben; daß die Ackerfläche, auf der Nahrung für Menschen wächst, bis Ende dieses Jahrhunderts um ein Drittel geschrumpft sein wird, daß bis dahin mehr als eine halbe Million Tier- und Pflanzenarten ausgerottet sein werden. Die Erde mit ihrem unendlichen Reichtum wird sich in eine trostlose Steppe verwandeln, und die Menschheit wird am Hunger, an resistenten Schädlingen, an Sauerstoffmangel und an unheilbaren Krankheiten zugrunde gehen.

Gott wird euch, sagt Jesus, ein Zeichen aus der Hölle geben. Ein Zeichen, an dem ihr eure Gewalttätigkeit, euren Egoismus, eure Gedankenlosigkeit zu Gesicht bekommt. Wer die Zeichen von Gott in dieser Welt nicht sehen will, dem wird ein Zeichen gegeben werden, vor dem ihm grauen wird.

Wir hätten Gott sehen können, wo er uns bisher schon begegnen wollte: in der Weisheit, die er in seine Welt gelegt hat; in Christus, in dem er gelebt und geredet hat; in dem Geist, den er uns verliehen hat. Aber wir wollten ja frei sein. Wir wollten selbst die Herrschaft über die Welt ergreifen. Jetzt begegnet uns Gott noch einmal: im Leiden der Kreatur. Dort, wo die Welt leidet unter unserer Gewalttat. Und vielleicht werden wir Gott zum letzten Mal sehen in den Gesichtern der Menschen, die in Massenelend und Massensiechtum zugrunde gehen; draußen in der Dritten Welt schon heute; und künftig in den Gesichtern unserer Enkel, auf die das Unheil mit seiner vollen Wucht treffen wird.

Im Bauch eines Fisches erlebt Jona nicht nur die Nähe seines Todes. Er begegnet auch seiner Schuld. Und wenn wir das Zeichen des Jona erleben werden, dann werden wir nicht nur den Untergang, sondern auch den Fluch einer ungeheuren menschheitlichen Schuld erleben. Es wird uns noch eine Weile gelingen, die finsteren Bilder auszublenden, so zu tun, als ginge alles immer weiter. Aber eines Tages werden wir ihm gegenüberstehen. Wir werden einer Feindschaft ins Auge sehen, die sich gegen die Kreatur gerichtet hatte und in Wahrheit Gott meinte, die sich aber am Ende gegen uns selbst richtet.

Denn was wir gegen den Willen Gottes und gegen das Gesetz, das er dieser Welt eingestiftet hat, tun und unternehmen, hat seine Folgen für unsere Umwelt, es schlägt aber auch auf uns Menschen selbst zurück. Wenn wir heute erschreckt feststellen, daß ein Drittel aller Menschen in unserem Land wegen seelischer Leiden schon einen Arzt aufgesucht haben, wenn wir feststellen, daß ein Drittel aller Kinder eine psychotherapeutische Behandlung nötig hätten, muß es doch erlaubt sein, nach den Ursachen zu fragen. Jeder zehnte Mensch in Westdeutschland leidet unter Depressionen und depressiven Verstimmungen. Was spricht sich darin aus?

Was ist eine Depression? Ich rede hier nicht für die Psychiatrie. Ich rede nur als einer, der die Menschen zu verstehen sucht, wie sie ihm begegnen. Man kann die Depression als eine Art »Wurzellosigkeit« erklären. Die Seele hängt im Leeren und sucht nach einem Grund, in dem sie wurzeln kann. Sie senkt ihre Wurzeln immer tiefer hinunter in ihren Untergrund und findet doch keine Erde, kein Wasser und keinen warmen Grund. Sie lotet mit ihren Wurzeln tiefer und tiefer und hängt doch immer noch in der Luft. Das Licht, das von oben kommt, hat sie verloren, und den warmen, haltenden Grund hat sie nicht gefunden. Sie hängt im Dunkeln und im Leeren.

Wenn mich jemand fragt, worin ich die Zeichen der Zeit erkenne, dann meine ich, hier sei eines der deutlichsten. Und zwar deshalb, weil kaum irgendwo so deutlich ist, wie das Außen und das Innen ineinandergreifen oder wie das, was wir außen verschulden, auf unseren eigenen inneren Menschen zurückschlägt. Das »Zeichen des Jona«, das ist die Erfahrung von Menschen, die in der Finsternis leben und ohne Halt, ohne Vertrauen in die Welt und ohne Hoffnung auf die Zukunft, ohne Willen zum Leben und ohne die Fähigkeit, irgend etwas oder irgend jemanden zu lieben. Und dieses Zeichen haben jedes Jahr mehr Menschen vor Augen.

Gibt es eine Umkehr?

Fragen wir, ob es eine Umkehr gebe, so verweist uns die Tradition der Kirche auf die Übung der Buße und des Fastens. Das Wort »Buße« freilich löst Widerstand aus. Selbstgeißelung, wenn dies Buße sein soll, oder Zerknirschung sind im religiösen Bewußtsein des heutigen Menschen schwer unterzubringen. Aber Buße ist ja weder selbstzerstörerisches Starren auf die eigene Schuld noch ein Kreisen um die eigene Seele und ihre Schwierigkeiten. Buße bedeutet vielmehr eine Umkehr der Blickrichtung. Der Mensch, der »Buße« tut, schaut nicht auf das, was er ist, sondern was er sein könnte. Er wendet sich um nach dem, was Gott mit ihm gemeint hat.

Buße war freilich von jeher nicht nur eine private, sondern auch eine öffentliche, eine politische Sache. Man fragte schon immer auch so: Geht das öffentliche Leben in unserem Land seinen richtigen

Gang? Politik. Wirtschaft. Gesetzgebung. Rechtsprechung. Soziale Fragen. Menschenrechte. Auf diesen Feldern hat man im Zusammenhang christlicher Bußzeiten immer auch gefragt: Sind Korrekturen nötig? Vielleicht gar eine Umkehr? Und wohin soll und kann die Reise dann gehen?

»Kehren« wir »um«, dann erkennen wir zugleich, wer wir sind und wer zu sein wir bestimmt sind. Wenn wir das Thema, um das es in diesem Buch geht, aus dem großen Vorrat an öffentlichen Problemen herausgreifen, dann erkennen wir: Wir sind nach unserer Bestimmung nicht die Schießer, die umlegen, was ihnen vor die Flinte kommt, nicht die Ausbeuter, die an sich raffen, was nicht niet- und nagelfest ist, nicht die kleinen Ausrotter, die nichts neben sich dulden können. Wir sind die verantwortlichen Vertreter Gottes in dieser Welt.

Denn die Welt ist die Welt Gottes und nicht das Verbrauchsmaterial des Menschen. Sie ist als ein Garten geschaffen und nicht zur Müllhalde bestimmt. Sie ist eine Heimat unendlich vieler Lebewesen und nicht nur die Rennbahn des Menschen. Sie ist uns anvertraut. Und wir sind, wenn wir uns recht verstehen, ihre Heger und Pfleger. Wir sind mehr, als wir uns zutrauen. Und nähmen wir diese Würde ernst, die Größe, die uns zugedacht ist, dann könnten wir mit anderen Lebewesen – und übrigens auch mit den Menschen – anders umgehen als wir es tun.

Ist es denn so undenkbar, daß wir eines Tages Respekt aufbrächten einem fremden Lebensrecht gegenüber? Und sei es zum Beispiel nur dem Lebensrecht eines Schmetterlings gegenüber? Sagen: Du bist ein wunderbares Geschöpf Gottes. Wir sind für dich verantwortlich. Was können wir tun, daß du nicht an unserem Gift zugrunde gehst?

Ist es so undenkbar, daß wir einmal eine Handvoll Erde hernehmen und uns fragen: Was müssen wir tun, damit auf diesem Boden auch für unsere Enkel noch etwas wächst?

Ist es so undenkbar, daß wir einmal ein Tier um Verzeihung bitten für alle Gewalttat und Gemeinheit, die wir Menschen rund um die Erde seinesgleichen antun?

Ist es denn so undenkbar, daß wir uns vom infantilen Verbraucher zum mitdenkenden Erwachsenen wandeln? Geschähe dabei nicht auch etwas Rettendes an uns selbst? Ließen sich nicht Wege finden aus der heimlichen Verzweiflung, der irrationalen Angst, der tödlichen Resignation von Millionen?

Denn auch den eigenen Lebenskräften gegenüber spielen wir die Rolle des Konsumenten und des naiven Ausbeuters und wundern uns, daß wir nicht glücklich werden, obwohl wir alles haben, daß wir keinen Sinn sehen und das Leben sich anfühlt wie eine kleine Sinnlosigkeit inmitten der großen Sinnlosigkeit der Welt.

Unsere Welt ist immer auch innen in uns, und wenn sie verödet, veröden wir mit, und wir brauchten keine so aufgeblähten therapeutischen Systeme, gingen wir sorgsamer mit ihr um. Wir würden wacher. Wir könnten unsere Freiheit ergreifen. Nachdenken. Prüfen. Konsequenzen ziehen.

Wir »würden«. Aber werden wir es tun? Wir haben Grund genug, zu fürchten, daß die gegenwärtige Zivilisation die Menschen in so hohem Grade schon zu Neurotikern gemacht hat und noch weiter machen wird, daß sie zu Umkehr und Neuanfang auch bei bestem Willen nicht fähig sein werden.

Das Thema »Zerstörung der Erde« ist gestellt. Wer Bescheid wissen will, kann Bescheid wissen. Es gibt mittlerweile, das heißt seit den ersten Warnungen des Club of Rome, eine ganze Literatur zum Zustand der Erde. Jeder kann wissen, was droht. Jeder kann wissen, daß es so nicht weitergeht. Und es geht doch weiter. Jeder kann wissen, daß unsere Erde endlich ist, daß dem Wachstum der Industrie, dem Verbrauch, der Anhäufung von Abfall Grenzen gesetzt sind. Jeder wartet darauf, daß irgend etwas sich ändert, ehe es zu spät ist. Aber was sich ändert, ist kaum der Rede wert. Das meiste, das wir wissen könnten, wird verschwiegen. Denn es müßte sich etwas ändern, redete man laut davon.

Wir können wissen, daß der Mensch, wenn der Fortschritt sich weiter beschleunigt, ihn nur noch kurze Zeit miterleben wird. Wir können wissen, daß, verglichen mit den Risiken eines Atomkriegs, der Nutzen nicht der Rede wert ist, den die friedliche Nutzung der Kernenergie bringt. Wir können wissen, daß nicht nur Kernreaktoren außer Kontrolle geraten können, sondern auch ganze Wissenschaften, und daß, was außer Kontrolle gerät, nur noch zerstört. Wir können wissen, daß uns der Fortschritt in Kürze schrecklicher terrorisieren wird als irgendein totaler Staat dies vermöchte.

Wir können längst abwägen, wie gering der Nutzen neugezüchteter Lebewesen ist, verglichen mit der Tatsache, daß durch die Auswirkung desselben Wissens so wunderbare Schöpfungen wie Singvögel oder Walfische ausgerottet werden. Aber all dies wäre nur zu korrigieren, wenn man bereit wäre, von einigen Voraussetzungen abzuspringen, die unsere wissenschaftlich-technische Welt geschaffen haben: von dem Anspruch auf bedingungslose Freiheit und von der Meinung, der Mensch sei fähig, die Geheimnisse der Schöpfung auf seinen kleinen Schiefertafeln nachzurechnen.

Woher eigentlich rührt die pathologische Arroganz des heutigen Menschen? Vielleicht daher, daß ihm das Bewußtsein seiner eigentlichen Würde gerade durch die Entwicklung der technischen Zivilisation genommen worden ist? Denn die Menschheit hat in den letzten vier Jahrhunderten, also in der Zeit, in der sie sich zu ihrer heutigen Freiheit und Souveränität erhoben hat, drei schwere Niederlagen einstecken müssen.

Das Bewußtsein, im Mittelpunkt der Welt zu stehen, wurde ihr durch Kopernikus genommen, das Bewußtsein, unmittelbar von Gott zu kommen und sozusagen auf der Seite Gottes dem Tier gegenüberzustehen, durch Darwin, das Bewußtsein, seine Vernunft frei und unabhängig nach seinem Willen einsetzen zu können, durch die Tiefenpsychologie.

Es mag wohl sein, daß die Brutalität, mit der wir Heutigen die Erde unterwerfen, zertreten und ausbeuten, ihre Wurzeln hat in dem kindischen Trotz, der sagt: Und ich bin hier doch der Boß! Pascal hat gesagt, das Elend des Menschen rühre daher, daß er ein entthronter König sei.

Heute begegnet der in seinem Selbstbewußtsein so schwer gekränkte Mensch der Zumutung, zu verstehen, daß die Schöpfung unabhängig vom Anspruch des Menschen ihr eigenes Lebensrecht hat und daß der Mensch nicht ihr Herr ist, sondern möglicherweise ihr Totengräber.

Das Evangelium sagt dem allem gegenüber: Du bist nicht der Mittelpunkt der Welt. Aber du bist dazu berufen, über deine Verantwortung und ihre Größe zu staunen, für sie dankbar zu sein und sie mit Sorgfalt wahrzunehmen. Darin, daß du einen Dienst tust, liegt deine Größe.

Doch noch verstehen sich viele Menschen als die unschuldig Angeklagten: »Ich bin mir keiner Schuld bewußt«, das ist die spontane Reaktion auf die Anklage. Ich habe ein gutes Gewissen. Oder: Mein Gewissen ist belastet genug. Will man denn noch mehr Schuld auf mich häufen?

Ich habe ein gutes Gewissen, sagt der eine. Ich bin kein Direktor einer chemischen Fabrik. Ich bin kein Umweltminister. Ich bin kein Erfinder der Neutronenbombe. Ich bin ein friedlicher Bürger. Ich bin nicht schuld.

Ich habe ein schlechtes Gewissen, sagt der andere. Ich sehe ein, daß ich mitschuldig bin. Aber ich bin nicht schlechter als die anderen. Es geht nicht anders. Es ist nicht so schlimm. Im Grunde bin ich einer unter denen, die weniger schuld sind.

Habe ich ein gutes Gewissen – und das gilt in allen Lebenslagen –, gewinne ich es in der Regel dadurch, daß ich, was ich nicht sehen will, im Untergeschoß, im Keller meiner Seele, verstaue. Die Psychologen sagen: verdrängen. Das gute Gewissen entsteht dadurch, daß ich mich teile in eine obere und eine untere Zone. Das Gute, das ich bin oder tue, geschieht oben, wo ich bin. Das Böse, das vielleicht durch mich geschehen könnte oder geschehen ist, geschieht unten, wo ich nicht bin. Das Böse kann ich vergessen. Oben ist der ordentliche, gute, rechtschaffene Mensch, der sich nichts vorzuwerfen hat. Alles andere, das mit diesem Bild nicht übereinstimmt, wird hinunterverlegt unter die Schwelle des Bewußtseins, verdrängt, abgeschoben, nicht mehr gesehen. Das gute Gewissen ist Flucht vor der Verantwortung für das, was »unten« ist.

Habe ich ein schlechtes Gewissen, dann halte ich dies aus, weil ich mich nach rechts und links teile. Ich habe dann in mir zwei Instanzen. Die eine klagt mich an, die andere nimmt mich in Schutz, wie Paulus an klassischer Stelle in Römer 2,15 schildert. Wenn aber in mir gleichsam ein Gerichtshof tagt, in dem Anklage und Verteidigung ausgewogen sind, wenn also in mir, dem schlechten Menschen, so viel Wille zur Gerechtigkeit ist, daß ich fähig bin, mich selbst anzuklagen, dann bin ich doch hinwiederum so schlecht nicht, genau besehen bin ich, wie Wilhelm Busch in einem Gedicht diese Selbstbetrachtung beendet, »ein ganz famoses Haus«. Der innere Gerichtshof ist eine vorzügliche Einrichtung zur Herstellung eines Bildes meiner selbst, in dem ich mir gefallen kann, und so erleben wir täglich, daß uns Leute mit sehr zufriedenem Gesichtsausdruck beteuern, sie hätten ein schlechtes Gewissen. Das schlechte Gewissen ist Flucht vor der Verantwortung für die Wirklichkeit.

Weder aus dem guten noch aus dem schlechten Gewissen kann etwas Weiterführendes entstehen. Aus dem schlechten Gewissen nicht, weil ich voll damit beschäftigt bin, die Diskussion zwischen rechts und links zu verfolgen; aus dem guten ebensowenig, weil ich voll damit beschäftigt bin, zu verhindern, daß das verdrängte Böse nach oben kommt.

Vielleicht wäre es gut, wenn wir wieder begriffen, daß das christliche Gewissen etwas gänzlich anderes meint als dies. Der Weg zur Hölle kann sowohl mit dem guten wie mit dem bösen Gewissen gepflastert sein. Denn was immer wir verdrängen, am Ende werden wir darin untergehen wie Jona im Meer und im Ungeheuer.

Die Anklage begegnet aber nicht nur dem Trotz, sondern auch der Gegenanklage. Etwa den folgenden Gedankenreihen begegnen wir bei immer mehr alten und jungen Zeitgenossen:

»Was geht mich das Schicksal der Menschheit an? Was geht mich diese vom Untergang bedrohte Erde an? Liebt sie mich etwa? Hat sie mich je geliebt? Bin ich je gefragt worden, ob ich hier leben will?« Oder: »Was bietet mir das Leben an? Nur das, was ich besitze und verbrauche. Niemand soll kommen und mir sagen, ich sei zu anderem bestimmt. Niemand soll kommen, der mir etwas abverlangt.« Oder: »Ich bin an der Misere beteiligt. Aber ich kann mir keinen Vorwurf machen, denn ich kann doch nichts ändern an dem, was ist, oder an dem, was geschieht.« Oder: «Irgend etwas läuft auf einen Untergang zu. Aber wenn schon: Vielleicht bringt der Untergang endlich die Erlösung aus diesem unerträglichen Leben. Ich habe eine merkwürdige Freude an Katastrophennachrichten. Wenn die Welt untergehen will, soll sie es tun. Ich bin sie ohnedies leid.« Oder: »Kann ich mich auf irgendeine Weise befreien? Befreien aus den Zwängen dieser Welt kann mich vielleicht mein eigener Tod, vielleicht der ›goldene Schuß‹, vielleicht auch der Untergang der Welt überhaupt.« Der Brandstifter legt das Feuer, schaut ihm befriedigt zu und stürzt, wenn alles auflodert, sich selbst hinein.

Was aber einzelne in Worte fassen, das beschreibt nur, was andere unbewußt zu ihrem Tun bewegt.

Aber die Schwierigkeit, die wir Menschen haben, unserem Gewissen eine sinnvolle Aufgabe zu stellen, zeigt sich nicht nur beim einzelnen. Es berührt mich wie ein kollektives schlechtes Gewissen, wenn ich heute dem Streit der Experten zuhöre, dem unablässigen Hin und Her der Warnungen und der Beschwichtigungen. Die einen zeigen uns, wie kurz es noch sei, bis die Welt zugrunde geht. Die anderen wiederholen, so oft wir es hören wollen: Es ist doch alles gar nicht so schlimm. Die einen zeigen die Sackgassen. Die anderen sagen: Es gibt keinen anderen Weg.

Ich sehe das mit Sorge. Denn das Vertrauen in die Verantwortlichen, das Vertrauen in die Glaubwürdigkeit der Wissenschaft, schwindet. Man hat das Gefühl, daß die Eingeweihten mehr wissen als sie sagen und die öffentliche Diskussion überwiegend aus Beschwichtigungen besteht. Das ist nicht deshalb gefährlich, weil wir, koste es, was es wolle, den Leuten an der Spitze von Staat und Wirtschaft, Wissenschaft oder Technik vertrauen müßten, wohl aber deshalb, weil ein Mensch, der Verantwortung trägt, sie nur wahrnehmen kann, wenn er von Vertrauen getragen ist.

Wer kein Vertrauen mehr kennt, kann am Ende nur resignieren. »Wenn es denn nicht anders geht« – das ist zunehmend die Reaktion unter den Menschen –, wenn denn das Unheil vorgezeichnet ist, dann laßt uns – wie die Bibel es formuliert – »essen und trinken, denn morgen sind wir tot«. Laßt uns essen und trinken, verbrauchen und wegwerfen und zerstören und ausbeuten. Nach uns die Sintflut! Laßt uns weiterlaufen, immer in die gleiche Richtung. Morgen schnappt die Falle ja doch zu!

Vielleicht fragt sich indessen der eine oder andere ein wenig beklommen, ob er das, was heute geschieht, vor seinen Enkeln verantworten kann, ob da nicht doch etwas wie eine Umkehr nötig sei.

Was ist zu tun? Ich möchte, nachdem wir das gute wie das schlechte Gewissen weggelegt haben, von einem trauernden Gewissen reden. Von einem Gewissen, das darüber trauert, wie viel uns daran fehlt, daß wir Menschen oder gar daß wir Christen wären; das darüber trauert, daß wir Christus kennen und trotzdem die Schöpfung behandeln, als gehöre sie uns. Von einem Gewissen, das unsere Welt ins Auge faßt und darüber trauert, daß gerade wir Christen es sind, die über Milliarden lebendiger Wesen – in denen doch Gott ist – Tod und Qual bringen, auf unseren vergifteten Äckern und Wiesen, in unseren erstickenden Bächen und Flüssen, in den Meeren und wo immer wir unseren Fuß hinsetzen. Dieses trauernde Gewissen könnte einstimmen in das Seufzen der Kreatur, von dem schon Paulus spricht, und alle die mit umfassen, denen wir so viel Unheil bringen.

Als Jona endlich nach Ninive ging und sein Wort sagte, es stehe das Ende dieser Stadt bevor, da rechtfertigte sich die große Stadt nicht, sondern sie trauerte. Der König, so wird erzählt, rief eine Trauer aus, an der nicht nur die Menschen, sondern auch die Tiere sich beteiligen sollten. Als Gott das sah, so endet die Szene, da beschloß er, der Stadt noch einmal das Leben zu schenken. Nicht die moralische Bußpredigt wäre danach das Amt der Kirche. (Über die Unwirksamkeit von moralischen Appellen und von Bußpredigten sagt die religiöse und politische Geschichte genug.) Ihr Amt wäre eher das Ausrufen einer Trauer.

Denn in einer Situation von der Dringlichkeit wie der, in der wir heute stehen, ist keine Zeit für neue Streitigkeiten zwischen den Interessengruppen aller Färbungen. Übereinstimmende Erkenntnis ist nötig und gemeinsame Umkehr. In der Trauer wäre sie denkbar. Denn viele, die heute über die Zerstörung der Schöpfung ohne Hoffnung klagen, könnten in der Trauer den Entschluß zum Handeln wieder finden. Moral überwindet die Resignation nicht, vielleicht vermag es die Trauer. Viele, die ihr schlechtes Gewissen zu verdrängen gezwungen sind, könnten sich in der Trauer aus solchem Zwang befreien, so, daß sie ihren Fehlhaltungen begegnen könnten. Die anderen aber, die am allgemeinen Werk der Zerstörung naiv beteiligt sind, brauchten der Trauer nicht mit Haß zu antworten wie der Anklage. Denn der Trauernde gibt sich wehrlos. Und jene, die sich ohnmächtig fühlen angesichts der übergroßen Aufgabe, könnten in der Trauer doch einen ersten Schritt gehen. Sie wäre ein Versuch, in das Seufzen der Kreatur einzustimmen, in jenes Seufzen, das ja auch in uns selbst ist und uns verbindet mit dem Leiden der Geschöpfe.

Wenn ich mich frage, was uns über die Parteien hinweg, über Interessen und Ermessensfragen hinweg verbinden kann, dann wird es die Trauer sein über das ungeheure Zerstörungswerk, das wir Menschen heute auf unserem Erdball anrichten und von dem jede Tageszeitung an jedem neuen Morgen zu berichten weiß. Vielleicht bleibt uns am Ende nichts mehr als die Trauer über uns selbst, uns Menschen, die offensichtlich unfähig sind, weiterzudenken als bis zum Vorteil des nächsten Augenblicks.

Ein junges Mädchen fragte mich in einem Brief: »Können Sie mir erklären, warum die Menschen so sind, wie sie sind? So unfähig, so kurzsichtig, so töricht und so gemein?« Ich konnte es nicht, aber ich konnte mit ihr zusammen darüber trauern, daß es so ist. Und das andere konnten wir miteinander sehen: Der Mensch kann in seiner Gleichgültigkeit alles um sich her zugrunde gehen lassen. Er kann seiner Verantwortung bis in die Hölle entfliehen. Gott wird ihn von dort an seinen Platz zurückführen. Dort aber, an seinem wirklichen Platz, wird er heute lernen müssen, daß es nicht um die Rettung des Menschen, sondern um die Rettung der Erde geht und daß er, der Mensch, freiwillig oder unfreiwillig, wie Jona zum Werkzeug ausersehen ist.

Grenzen der Freiheit

Die Freiheit des Menschen von Zwang und Bevormundung, die Freiheit, seinem Gewissen zu folgen, und das Risiko, seine Lebensversuche selbst zu tragen, sind eine Frucht des christlichen Glaubens. Es kann nicht Aufgabe von Christen sein, Freiheit einzugrenzen, es sei denn, der Wille Gottes stehe in offenkundigem Widerspruch zu dem, was der Mensch in seiner Freiheit will.

Eine der großen Errungenschaften der Neuzeit ist die Freiheit der Wissenschaft, die Freiheit des Forschens, des Nachdenkens, des Experimentierens, des Prüfens und des Anwendens. Wir denken nicht gering von dieser Freiheit, die der Suche nach Wahrheit und nach Wirklichkeit eine Kraft gegeben hat, die in der Welt nicht ihresgleichen hat. Aber wir stehen an einem Punkt, an dem dieses kostbare Gut verlorengeht.

Es besteht heute immer mehr die Versuchung, »die Wissenschaft« als ganze zum bösen Buben zu machen. Alles, was heute so unerhört gefährlich geworden ist in Wirtschaft oder Waffentechnik, ist Frucht wissenschaftlicher Forschung und Anwendung wissenschaftlicher Erkenntnisse. Aber die Wissenschaft ist nur Ausdruck dessen, was der Mensch ist, was er sucht, was er will und braucht,

Ausdruck der Freiheit, die er auch sonst beansprucht, und der Gefahr, die von ihm auch sonst ausgeht.

Wissenschaft ist durchaus immer auch aus Liebe zur Natur, aus Hingabe an die faszinierende Welt der Forschung getrieben worden. Wissenschaft ist nicht böse, ist nicht insgesamt bedrohlich. Aber die Wissenschaft wird heute um ihrer eigenen Zukunft willen mit mehr Behutsamkeit forschen müssen als sie es gewöhnt ist. Sie wird heute nicht mehr mit Vorrang das Machbare und das Gewinnbringende im Dienste der Wirtschaft erforschen dürfen, sondern ebenso sehr und ebenso intensiv das Bewahrende, das Rettende, das Hilfreiche. Sie hat eine kritische Funktion gegenüber allen Bereichen der Anwendung und der Nutzbarmachung. Sie muß sich den Spielraum erhalten, gerade auch das Gefährdende zu erforschen und die Ergebnisse dieser Forschung zu publizieren. Denn noch bleiben viele wertvolle Erkenntnisse ungenutzt oder werden unterdrückt, weil sie in das Macht- und Geldkonzept von Wirtschaft und Politik nicht passen.

Aber die »Freiheit der Wissenschaft« als generelles Wunschbild ist ein Traum aus dem 19. Jahrhundert. Sehen wir konkret zu, so wird die Wissenschaft wie jeder andere Bereich menschlicher Betätigung getrieben von Menschen mit ihrem Können und Wissen, mit ihrem Ehrgeiz und ihrer Intoleranz, mit ihrem Konkurrenzneid, ihrem Karrieredenken, mit ihrer Abhängigkeit von wirtschaftlichen Interessen, mit ihrer Beeinflußbarkeit und Bestechlichkeit. Weil es insgesamt der Mensch ist, der Naturwissenschaft treibt, und weil der Mensch aus gutem Grund niemals zum Handeln ermächtigt ist, ohne Rechenschaft geben zu müssen, wird die Freiheit der Wissenschaft begrenzt sein.

»Was der Mensch kann, darf er noch lange nicht.« Das ist einer der wichtigsten Sätze für eine christliche Ethik im Rahmen von Wissenschaft, Forschung und Technik, und es ist Zeit, klarzustellen, daß ein Mensch, der diesen Satz anzweifelt, der also den Anspruch erhebt, alles zu dürfen, was er kann, kriminell ist.

In keinem Zusammenhang, weder im Straßenverkehr noch im Familienleben, darf irgendein Mensch alles tun, was er kann. Das Mißtrauen der Wissenschaft gegenüber mag unbequem sein. Es ist gleichwohl begründet. Denn sie kann zum Schaden oder zum Nutzen der Menschheit wirken. Woher aber soll das Vertrauen kommen, daß sie zum Nutzen wirke? So viel Verantwortungsbereitschaft, wie von einem heutigen Biologen verlangt wäre, hat der Mensch noch nie aufgebracht. Woher soll er sie plötzlich nehmen? So viel Demut, so viel Uneigennützigkeit, wie zum Überleben der Menschheit heute nötig ist, war noch nie gefordert. Woher sollen sie kommen?

Es geht heute energisch um den Schutz des Menschen vor dem, was der Mensch kann. Es geht um den Schutz aller übrigen Lebewesen vor dem, was der Mensch meint tun zu dürfen, und wir werden eine Wissenschaft, die dies nicht begreift, an die Zügel nehmen müssen. Denn das kann mittlerweile als erwiesen gelten, daß die wissenschaftliche Vernunft nicht in der Lage ist, das Leben auf diesem Erdball zu verantworten. Dazu ist der Wissenschaft insgesamt der Begriff der Verantwortung zu fremd. Dazu ist zudem die Vernunft des Menschen zu kurz geraten.

Dazu ist auch das Verfahren, nach dem die abendländische Naturwissenschaft zu arbeiten pflegt, zu lebensfeindlich. Um Leben zu erforschen, muß sie Leben töten. Der intuitive Weg des Verstehens, der dem Leben angemessene und das Leben schonende, ist ihr wesensfremd. Dazu bedürfte sie einer Ehrfurcht, die im abendländischen Begriff von Freiheit nicht unterzubringen ist, und dazu bedürfte der Mensch, der Wissenschaft treibt, einer seelischen Bildung, die wiederum mit unserem Begriff von Wissenschaft als einer objektiv dem Gegenstand zugewandten Technik und Theorie nicht zu verbinden ist. Sie wird weiterhin nach dem Gesetz, nach dem sie angetreten ist, sozusagen Schmetterlinge mit der Beißzange untersuchen.

Freilich, hier stoßen wir an eine Grenze, an der das Unerträgliche beginnt: Was wird nicht heute auf dem Gebiet der Waffentechnik erforscht und experimentiert! Was für apokalyptische Träume, von denen niemand erfährt, werden da geträumt! Was wir brauchen, ist eine Wissenschaft, die sich weder von den Interessen der Wirtschaft noch von den Phantasien der Vernichtungsindustrie bezahlen, gängeln oder mundtot machen läßt. Was wir brauchen, sind Auffangstationen für wissenschaftliche Aussteiger, die aus Gewissensgründen der Wirtschaft nicht mehr dienen wollen. Die Freiheit der Wissenschaft ist heute die Freiheit derer, die zur Verantwortung fähig sind.

Das Opfer der Freiheit, ohne das heute kein Überleben mehr denkbar ist, ist auch der Wirtschaft zuzumuten.

Eine der großen Errungenschaften des 19. Jahrhunderts ist die Freiheit der Wirtschaft, die Freiheit von Handel und Produktion, von Werbung und Verteilung. Wir stehen an einem Punkt, an dem diese Freiheit ihre Grenze findet.

Wir können nicht mehr tolerieren, daß alljährlich Tausende neuer chemischer Substanzen rund um die Erde verbreitet werden, deren Wirkung niemand beurteilen kann, deren Folgen niemand kalkuliert. Wir können nicht mehr tolerieren, daß jede Art Zerstörung der Umwelt mit wirtschaftlichen Begründungen gedeckt wird. Wir können nicht mehr tolerieren, daß jede politische Entscheidung sich immer zuerst und vor allem vor den wirtschaftlichen Interessen zu rechtfertigen hat.

Denn es läßt sich nicht mehr verheimlichen, daß die wirklichen Regierungen unseres Landes in den Chefetagen der Wirtschaft und nicht in den Regierungs- und Parlamentsgebäuden zu suchen sind. Es läßt sich nicht mehr verheimlichen, daß der Spielraum der Politiker für eine unabhängige Politik sich mittlerweile dem Spielraum ± Null nähert.

Wir produzieren und produzieren und fragen schon gar nicht mehr, ob irgend jemand das, was wir produzieren, wirklich braucht. Übertreibe ich? O nein, man wird bei uns in Kürze runde hundert Milliarden Mark in eine Sache investieren, die kein Mensch braucht, nur weil man sie eben machen kann und weil wir alle uns einreden lassen, wir brauchten sie: hundert Milliarden Mark in das Kabelfernsehen, das Satellitenfernsehen, den Bildschirmtext und zehn Programme dazu, die kein Mensch braucht, die aber uns allen und vor allem unseren Kindern schaden.

Es ist bemerkenswert, daß angesichts der Medienzukunft zwar finanzielle Themen besprochen werden, wirtschaftliche, technische, politische, daß aber nur wenige bislang sich der Mühe unterziehen, zu prüfen, ob denn dies alles im Interesse des Menschen wünschbar sei, was denn durch dies alles in den Menschen angerichtet werde, und ob das soziale

Netz in unserem Land so gespannt sei, daß es den sozialen Folgen dieses Unternehmens gewachsen ist.

Was kommt denn auf uns zu? Ich denke an mich selbst und meinesgleichen, deren Beruf es ist, sich zu informieren. Es ist keinem Journalisten und keinem Pressesprecher einer Regierung möglich, auch nur den dritten Teil der Informationen aufzunehmen und in seinem Kopf zu speichern, die er um seines Amtes willen speichern müßte, um informiert zu sein. Das Informationsangebot auf dem gegenwärtigen Markt ist so ungeheuerlich, daß die Behauptung, es sei notwendig, es zu vergrößern, an Schwachsinn grenzt.

Denke ich an die Speicherfähigkeit für Informationen, die einem Bürger zu Gebote steht, der am Markt der Informationen nur in seiner Freizeit teilnimmt, dann frage ich mich, was der Bürger eigentlich tun und wie er reagieren solle. Eine totale Information schafft ja eine Umwelt, in der sich zu informieren nicht mehr möglich ist. Es gibt einen Grenzwert, von dem an Information nur noch entgrenzend, das heißt desorientierend wirkt. Orientieren kann sich ein Mensch, der in einer überschaubaren Welt lebt, der sich in bestimmten Bezirken seines Lebens und seiner Umwelt auskennt, der über eine bestimmte Menge von Tages- oder Lebensfragen ein Urteil hat. Verliert er die einfachen Orientierungsdaten, die damit gegeben sind, daß seine Welt Grenzen und Ränder hat, so reagiert er mit Angst. Er reagiert panisch. Er wehrt entweder die Informationsflut ab und weigert sich, mehr zur Kenntnis zu nehmen als in seinem Lebensrahmen unterzubringen ist, oder er läßt sie ein und fällt einer psychischen Störung zum Opfer, die man als Informationspanik, als Informationshysterie, oder was immer der klinische Befund danach sein mag, beschreiben kann.

Die totale Information zieht nicht Informiertheit nach sich, sondern totale Orientierungslosigkeit. Orientierungslosigkeit wird als Angst psychisch faßbar, als Angst vor dem Großen Bruder oder den Großen Brüdern, die in dieser unüberschaubar verwirrten Welt die Fäden ziehen.

Man braucht kein Pessimist zu sein, um das Ende einer von Bürgern und ihrer Mitverantwortung getragenen Gesellschaft vor sich zu sehen. Jenes Ende, das der Bundeskanzler sehr vorsichtig so angedeutet hat, daß er meinte, diese neuen Medien würden »die Struktur der demokratischen Gesellschaft verändern«.

Denke ich aber an Kinder und Enkel, so sehe ich eine Generation heranwachsen, deren Mehrheit zu gehorsamen Verbrauchern erzogen ist und deren Minderheit allenfalls mit der verzweifelten, maschinenstürmenden Feindseligkeit reagieren wird, aus der man Terroristen, Extremisten, Weltflüchtlinge oder friedlichstenfalls Träumer und Utopisten macht. Terrorismus gegen die Mediengesellschaft als psychische Notwehr, das könnte ein Merkmal der Zukunft sein, die uns nach dem Ende einer überschaubaren demokratischen Gesellschaft erwartet.

Im Grunde ist die ganze Medientechnologie ein Paradebeispiel für die hoffnungslose Spannung zwischen gesellschaftlicher Vernunft und wirtschaftlicher Pression. Und wenn das Ganze noch durchgesetzt werden soll unter dem Motto: »Der Bürger ist mündig. Wir können ihm diese Möglichkeit der Information nicht vorenthalten«, dann haben wir wieder ein Paradebeispiel für den Mißbrauch demokratischer Redewendungen unter der heimlichen Diktatur der Wirtschaft.

Eins ist sicher: Der Glaube an Gott, den Schöpfer, muß heute bezahlt werden mit der Unterordnung der Wirtschaft unter die Politik, mit der Zurückstufung der Wirtschaft auf ihre begrenzte Funktion. Was wir brauchen, ist eine freie Politik, nicht eine Wirtschaft, die sich zum Herrn der Politik macht. Was wir brauchen, ist die Mitsprache des Bürgers und die Unabhängigkeit des Politikers, das Notwendige und das Gerechte zu tun.

Dies kostet der Glaube an Gott, den Schöpfer, auf alle Fälle: die Willkür der freien Wirtschaft gegenüber dem Staat und gegenüber dem Bürger. Das kostet er, auch wenn dies bedeutet, daß wir an die Grenzen unseres Reichtums gelangen.

Was soll denn künftig als Fortschritt gelten? Expansion zu immer größeren Strukturen ist kein Fortschritt mehr. Ausbeutung endlicher Vorräte ist kein Fortschritt. Einen Fortschritt könnte man hingegen im Wachsen des kritischen Bewußtseins unter den Bürgern erblicken. Einen Fortschritt könnte man es nennen, vermöchten wir in Zukunft wirtschaftliche und soziale Minderungen in Kauf zu nehmen und dadurch langfristig den Fortbestand eines lebenswerten Lebens der Menschen auf diesem Erdball zu erreichen.

Weder der Sozialismus noch der Kapitalismus noch auch der gute, alte Liberalismus haben die Mittel, mit denen dieser Bewußtseinswandel erreicht werden könnte, auf den es heute ankommt. Man kann eine ökologische Politik mit keinem dieser drei Gesellschaftsmodelle verbinden. Wer das im Rahmen irgendeiner der bestehenden Parteien heute versuchen sollte, wird scheitern. Das Wohl, die Freiheit oder die Versorgung des Menschen stehen in allen unseren politischen Programmen obenan. Oben aber hat künftig etwas anderes zu stehen: das gemeinsame Überleben der Schöpfung. Wer noch auf den Einzelinteressen menschlicher Individuen oder Gesellschaften beharrt, wird das Ganze und damit auch den Menschen vernichten helfen. Wir werden weniger zu verteilen haben, nicht mehr. Und wir werden das Wenige anders verteilen müssen als bisher. Nur wer den Menschen dies zum Bewußtsein zu bringen vermag, wird künftig sinnvolle Politik treiben können.

Nicht das ökonomische Interesse kann uns künftig leiten, sondern der offene Dialog zwischen der Wirtschaft und dem empfindlicher gewordenen Bürgerbewußtsein. Sollten wir nicht neu prüfen, wozu der Mensch arbeitet und was durch die Arbeit des Menschen entstehen soll? Die Verschwendungs- und Wegwerfwirtschaft, die Luxus- und Verbrauchswirtschaft, die wir aufgebaut haben, hat uns Reichtum gebracht, aber so, daß wir nun gezwungen sind, immer noch mehr zu verbrauchen, damit unser Reichtum erhalten bleibt, und so, daß darüber die Welt, in der wir leben, zugrunde geht.

Insgesamt ist dem Ausdehnungs- und Wachstumsdrang der Wirtschaft künftig bewußter Widerstand entgegenzusetzen: Wir werden weniger verbrauchen. Wir werden nicht alles tun, was wir tun können. Wir werden nicht alles aus der Erde holen, was darin ist. Wir werden auf die Steigerung von landwirtschaftlichen Erträgen verzichten, wenn sie nur durch Ausrottung von Tierarten und Vergiftung des Bodens erreichbar sind. Wir werden uns künftig nicht mehr für berechtigt halten, großtechnische und großwirtschaftliche Entwicklungen voranzutreiben, wenn sie an anderen Stellen in der Welt Ausbeutung und Zerstörung bedeuten. Wir werden weniger Energie verbrauchen. Wir werden wieder fragen, womit und wofür wir eigentlich leben, und werden dem Haben und Besitzen geringeren Rang einräumen als bisher. Wir werden den Sinn unseres Lebens nicht wie bisher in Erfolg und Leistung, sondern im Sein suchen, in der Einbettung in das Ganze der Kreatur, in verantwortlichem Mitwirken im großen Zusammenhang, im Mitdenken und Mitempfinden. Sein heißt Sein mit anderen. Anders läßt sich heute nicht mehr bekennen, wir glaubten, daß Gott der Schöpfer des Himmels und der Erde sei. Denn die Erde gehört nicht uns, sondern in Zeit und Ewigkeit ihm.

Der Duft des Regens

Eine geistliche Übung: Über ein Feld gehen nach dem Regen und den Duft der Erde und des Wassers einatmen. Wissen: Ich bin ein Wesen dieser Erde. Ich gehöre zu ihr. Diese Erde ist meine Heimat, mein Leben und mein Lebensraum. Ich bin aus ihr gemacht, und ich kehre zu ihr zurück. Sie wird mich wieder aufnehmen. Und dies zu denken ist gut.

Dann eine Handvoll der frischen Erde aufnehmen. Sich das unvorstellbar lebendige Leben in jeder Krume vergegenwärtigen, sich die Erdamöben, Springschwänze und Saftkugler vorstellen, von denen in jedem Fingerhut guter Erde fünfhundert Millionen leben. Dazu die Bakterien, die Schimmel- und Bodenpilze und Algen, von denen jeder Kubikzentimeter Milliarden beherbergt und ohne die kein Grashalm wachsen würde. Sich die ungeheure Vitalität vorstellen, von der wir umgeben und selbst durchdrungen und durchwirkt sind. Für uns moderne Menschen, die leichter an ihrer Lebendigkeit zweifeln als aus ihr leben, ist dies eine Übung, die wie ein Heilmittel wirken könnte.

Der Mensch, Engel der Kreatur

Frage:

Was halten wir von uns selbst?

Die Neuzeit hat uns Menschen die Macht über die Natur verschafft. Fragen wir aber, was Menschen heute ihrer Welt gegenüber empfinden, so stoßen wir auf ein millionenfach verbreitetes Gefühl gänzlicher Ohnmacht. Irgendein Wind, so empfindet man, treibt uns, aber wir wissen nicht, woher er kommt und wohin er geht.

Die Neuzeit versprach, der Mensch werde kraft seines Wissens als Herr der Schöpfung neu in seiner Welt zu Hause sein, nicht bedroht durch unbekannte Mächte, Dämonen oder Götter. Heute empfinden wir, daß unser Weg durch eine immer fremder werdende Welt führt, eine Welt, in der wir nicht mehr zu Hause sind, mit deren unaufhaltsamen Veränderungen weder Kopf noch Herz Schritt hält.

Die heutige Aufgabe kann nur erfüllt werden, wenn der Mensch mit Überlegung und Gelassenheit gleichsam über den Problemen bleibt. Denn wer sich ohnmächtig fühlt, wird kaum fähig sein, diese unheimatliche Welt zu lieben, ihre Bedrohtheit zu bedenken und mit freier Phantasie etwas zu ihrer Rettung zu tun.

Wenig niedriger als Gott

»Herr, unser Herrscher,
wie herrlich bist du in aller Welt!
Wie herrlich ist dein Glanz über den Himmel hin!«

so beginnt der 8. Psalm.

»Aus dem Munde der Kinder, ja der Säuglinge
hast du eine Macht erweckt
um derer willen, die dich verachten,
und beendet die Feindschaft und Rachgier
unter den Menschen.

Wenn ich den Himmel schaue,
deiner Finger Werk,
den Mond und die Sterne,
die du ausgebreitet hast –
was ist der Mensch,
daß du seiner gedenkst,
und des Menschen Kind,
daß du dich seiner annimmst?

Du hast ihn nur um weniges
niedriger gemacht als ein himmlisches Wesen.
Mit Ehre und Herrlichkeit
hast du ihn gekrönt.

Du hast ihn zum Herrscher gemacht
über deiner Hände Werk.
Alles legtest du ihm zu Füßen:
Schafe und Rinder und Tiere des Feldes,
Vögel des Himmels und Fische im Meer
und was immer die Wege des Wassers durchzieht.

Herr, unser Herrscher,
wie herrlich bist du in aller Welt!«

Es ist fast dreitausend Jahre alt, dieses Lied, voll von Andeutungen, die wir kaum noch verstehen, und Teil einer Feier, die uns fremd wäre, selbst wenn wir sie kennten.

Irgendwo spielt sie, in jenem Land, in dem diese Lieder entstanden sind und die Geschichten der Bibel sich abgespielt haben. Irgendwo in der Gegend um Hebron oder Jerusalem oder in Galiläa.

Ich stelle mir vor: Es ist Nacht. Klarer Sternenhimmel. Ein langer Zug von Menschen geht nach Art einer Prozession im Kreis um ein Heiligtum oder einen Altar, irgendwo auf einem freien Platz oder auf einer Hochfläche in der Steppe. Es ist ein Neumondfest, wie das Volk des Alten Testaments es durch Jahrhunderte hin gefeiert hat, begangen von einem großen Familienclan oder einer Dorfgemeinschaft.

An der Spitze der Prozession gehen die Männer mit den Hörnern, einer Art Trompeten aus dem Gehörn von Widdern, die in ihrer kurzen, gebogenen Form den Sichelmond abbilden. Dahinter die Priester und danach die Gemeinde.

Sie bleiben im Kreis stehen und singen oder sprechen die alten Lieder, die wir heute noch lesen. Einzelne reden, und der Chor antwortet, oder das Volk spricht einen Refrain.

Ich stelle mir vor: Sie stehen in der Dunkelheit unter dem strahlenden Sternhimmel, und ein Chor beginnt mit dem Aufgesang:

»Herr, unser Herrscher,
wie herrlich bist du in aller Welt!
Wie herrlich ist dein Glanz
über den Himmel hin!«

Dann nimmt ein einzelner das Wort und spricht:

»Wenn ich den Himmel schaue, deiner Finger Werk,
den Mond und die Sterne, die du ausgebreitet hast –
was ist der Mensch, daß du seiner gedenkst,
und des Menschen Kind,
daß du dich seiner annimmst?«

Er stellt sich den Thronsaal Gottes über den Sternen vor, über der dunklen Himmelskuppel, und in ihm ein Heer himmlischer Wesen im Kreis um Gott: Engel, »Seraphim«, »Cherubim«, Mächte zwischen Gott und den Menschen, Boten, die Gott aussendet, wenn ein Mensch sein Wort hören soll. Der Kreis der Menschen unten aber bildet ihm jenen höheren ab, den Kreis der gottähnlichen Wesen um Gottes Thron.

So fährt der Sprecher fort:

»Du hast den Menschen nur um weniges
niedriger gemacht als ein himmlisches Wesen.
Mit Ehre und Herrlichkeit hast du ihn gekrönt.«

Er stellt sich vor: Die Engelwesen, die um Gottes Thron her stehen, tun ihren Dienst zwischen Himmel und Erde, und ebenso hat der Mensch auf der Erde seinen Dienst zu tun.

»Du hast ihn zum Herrn gemacht
über deiner Hände Werk,
alles legtest du ihm zu Füßen:
Schafe und Rinder und Tiere des Feldes,
Vögel des Himmels und Fische im Meer
und was immer die Wege des Wassers durchzieht.«

Und wieder antwortet dem Sprecher die ganze Gemeinde der Feiernden:

»Herr, unser Herrscher,
wie herrlich bist du in aller Welt.«

Mitten in dem Psalmlied aber stehen zwei Verse, die nur schwer einzuordnen sind, seltsame Gedanken:

»Aus dem Munde der Kinder, ja der Säuglinge
hast du eine Macht erweckt
um derer willen, die dich verachten,
und beendet die Feindschaft und Rachgier
unter den Menschen.«

Ich kann mir denken, daß unter den Feiernden auch Mütter mit kleinen Kindern sich befanden. Und vermutlich haben die Kinder auf die Trompeten und ihre Musik und auf die liturgischen Gesänge ähnlich reagiert, wie manche kleinen Kinder bei uns während ihrer Taufe auf die Orgel und auf die Reden des Pfarrers reagieren: Sie fangen an zu schreien. Aber das Geschrei wurde nicht als störend empfunden, es wurde aufgenommen in den Lobgesang der Erwachsenen und galt als Beitrag der Kinder, als ihr angemessener Anteil am Lob Gottes.

Der Sprecher meint: Hier sind Kinder, und diese Kinder haben die unerhörte, die unfaßliche Größe und Würde des Menschen mitgebracht. Sie werden eines Tages wie wir die Herrschaft Gottes über die Kreatur stellvertretend mit ausüben. Wenn wir aber, Erwachsene und Kinder, uns hier in der Nacht zum Fest versammeln, dann ist Frieden. Dann endet die Feindschaft nicht nur unter den Menschen, sondern auch die Feindschaft zwischen dem Menschen und der Kreatur, und der ganze Kosmos stimmt ein in das Lob der Gemeinde. Und so staunen sie miteinander darüber, daß der Herr des Himmels und der Erde sich zu dem kleinen Menschenkind herabneigt; sie staunen darüber, daß der kleine Mensch fähig ist, ihm mit Vertrauen und Hingabe und mit der Feier eines Fests zu antworten, ob er nun erwachsen ist oder noch im Arm seiner Mutter liegt. Sie staunen über das Mysterium, das Gott in das Wesen des Menschen gelegt hat.

»Des Menschen Kind«, sagen sie, wörtlich heißt es: »das Kind Adams«. Im Namen Adam liegt das Wort Adama, Erde. Das Kind der Erde – dieser Gedanke schwingt in dem Wortspiel mit – ist zugleich ein Kind des Himmels, wenig niedriger als ein himmlisches Wesen. Und so weiß der Mensch, wo sein Ort ist im Ganzen jener großen Welt, die Gott gehört. Er kennt sein Amt und seinen Auftrag.

Aber im Hintergrund dieses Liedes schweben Gedanken mit, die einen noch tieferen Zusammenhang zwischen dem Menschen und seiner Welt andeuten.

Die Mondsichel war für die alten Völker das auferstehende Gestirn. Der Mond war als Neumond im Tode untergegangen, von der Finsternis verschlungen. Nun war er auferstanden, gleichsam neu geboren, und der Hymnus, den die Menschen auf der Erde sangen, war so etwas wie der Geburtsschrei des himmlischen Gestirns.

Noch mehr: Die feiernden Menschen auf der Erde sahen auch im Weltraum eine feiernde Familie. Da stehen die vielen »Kinder des Himmels«, die Sterne, und preisen Gott, und aus ihrem Mund hat Gott eine Stimme geweckt, vor der die Verächter verstummen.

Man mag einwenden, dies sei eine primitive, eine magische Weltsicht. Vielleicht aber sollten wir Heutigen begreifen, wie viel uns die Erinnerung an das Wissen früherer Jahrtausende helfen könnte, wenn wir nach dem Sinn und dem Auftrag unseres Menschendaseins auf dieser Erde suchen.

Der Mensch, so sagen diese alten Lieder, ist mit einer doppelten Würde ausgestattet: Er ist ein Bruder der übrigen Kreatur. Die jungen Löwen, sagt der Psalm 104, suchen in der Nacht ihre Speise, und der Mensch tut am Tage seine Arbeit. Beide tun es, weil Gott ihnen diese Weise zu sein verliehen hat. Und zum anderen: Der Mensch ist von Gott zu einem einzigartigen Rang berufen: Er ist zwischen die Kreatur und Gott gestellt, wenig niedriger als Gott, und hat seine Verantwortung für die Schafe und Rinder, die wilden Tiere, die Vögel und die Fische im Meer im Namen Gottes wahrzunehmen.

Man kann dem Menschen keine höhere Würde zuschreiben, als dieses Lied, das fast dreitausend Jahre alt ist, es tut. Und wenn wir auch wissen und bekennen, daß wir Menschen dieser Würde bis heute wenig entsprechen, so halten wir dennoch fest, daß wir zu ihr berufen sind. Denn anders verlöre auch unser Bekenntnis zu Gott, dem Schöpfer dieser Welt, allen Sinn.

Engel, Hirten und eine wohnliche Welt

Wieder ist Nacht. Und wieder wölbt sich der Sternhimmel über den Feldern am Rande der Wüste. Wieder geschieht etwas zwischen Himmel und Erde. Ich meine die Geschichte von den Hirten auf dem Feld, die Weihnachtsgeschichte.

Ein paar Familien jener wandernden Schaf- und Ziegenhirten, die zwischen dem Toten Meer und dem judäischen Bergland pendeln, haben, wie alljährlich, ihr Weidegebiet an den staubtrockenen Wüstenhängen verlassen. Die Regenzeit ist vorbei, die Frucht auf den Feldern ist abgeerntet, und nach uraltem Gesetz ziehen die Hirten über die leeren Äkker, auf denen die Tiere noch Futter finden. Rund um den Ort Bethlehem nächtigen sie in ihren Zelten und bei ihren Herden. Die biblische Erzählung berichtet: Es waren Hirten in derselben Gegend auf dem Felde bei den Hürden, die hüteten des Nachts ihre Herden.

Aber die Nacht ist für einen Beduinen nichts Leeres, nichts Stummes, nichts Totes. Sie ist voll von Stimmen, von Lauten, von Lichtern, von Schatten, von Begegnungen und von Träumen. Die Welt eines Nomaden ist so viel weiter und lebendiger, wie auch der Sternhimmel über ihm vielfach mehr Sterne zeigt als der unsere. Mit der immer wachen Aufmerksamkeit dessen, den niemand birgt oder schützt, lebt er durch die Nacht und durch den Tag.

Wir haben die Geburt Christi in die Tage der Wintersonnenwende gelegt, aus guten Gründen, wie mir scheint, und mit gutem Sinn. Aber wenn sie sich wirklich so zugetragen hat, wie die Weihnachtsgeschichte sie erzählt, dann war zu der Zeit Sommer, dann waren die Tage dort glühend heiß und die Nächte warm, und die Hirten saßen nicht wie in unseren Christgeburtsspielen frierend beieinander, sondern lagen irgendwo auf der Erde unter einem makellos klaren Sternhimmel.

Hirten, Schaf- und Ziegennomaden waren gefährdete Leute. Sie hatten keinen Grundbesitz, und auf den Feldern, auf denen sie »ihre Herden hüteten«, waren sie Gäste. Die Bauern duldeten den Besuch, denn sie waren auf den Schafmist angewiesen. Aber die Nomaden waren seit alten Zeiten nicht nur Hirten, sie waren auch Schmuggler, Wegelagerer, Nachrichtenträger und Spione, die von Land zu Land und von Ort zu Ort ihre Beweglichkeit nützten, den Seßhaften immer verdächtig und fremd, lebendige Symbole des Menschen, der in seiner Welt nicht verläßlich zu Hause ist.

Die Erde ist das primär Göttliche für den Bauern der alten Welt. Für den Nomaden ist es der Himmel. Wer je mit Nomaden im Sand unter dem freien Himmel nächtigte, versteht, warum für sie der Himmel der Ort Gottes ist und nicht die Erde, warum ihre Aufmerksamkeit von jeher dem gilt, was vom »Himmel« her geschieht.

Nun erzählt Lukas, was in jener Nacht vom Himmel her geschah, und gestaltet dabei eines der wichtigsten Seelenbilder, die das Evangelium hat: »Des Herrn Engel trat zu ihnen, und die Lichtfülle des Herrn umleuchtete sie« (Lukas 2,8.9). Eines jener Wesen, von denen der 8. Psalm redet, die um »ein Weniges« höher geschaffen sind als der Mensch, einer jener Boten Gottes, die im himmlischen Thronsaal um Gott her schweben, sein Gebot erwartend, eines jener Wesen, die den schweigenden Kosmos mit Sprache füllen, mit der Sprache, aus der die Welt entstand, »trat zu ihnen«. Niemand weiß, was vor ihren Augen sichtbar wurde außer der Lichtfülle Gottes. Wir stellen uns einen Engel menschengestaltig vor; kein Wunder, da uns die Gestalt eines höheren Geschöpfs nie vor Augen getreten ist. Aber wer zwingt uns zu solcher Vorstellung? Ich bin überzeugt, daß da keine Lücke in der Schöpfung ist sozusagen oberhalb des Menschen. Ich bin überzeugt, daß es geistige Wesen, geistige Kräfte gibt in ebenso vielen Abstufungen, wie leibliche und seelische Wesen und Kräfte unterhalb des Menschen leben. Der Regenwurm kann sich die Gestalt eines Menschen nicht vorstellen, dennoch, unabhängig von der Urteilskraft eines Regenwurms, lebt der Mensch sein differenziertes seelisches und geistiges Wesen in seiner ihm zugewandten, ihm zugänglichen Welt. Es schiene mir in hohem Grade seltsam, endete die Stufenfolge der Geschöpfe ausgerechnet beim Menschen.

Des Herrn Engel also »trat zu ihnen«, in Licht gehüllt und die Menschen, die ihn erfuhren, in Licht hüllend. Ich habe nicht das Bedürfnis, malen zu können, was sie schauten. Ich weiß nur, daß wir Heutigen vieles nicht mehr sehen, was Jahrtausende vor uns geschaut haben, und daß wir durchaus die seelische Offenheit gewinnen könnten, um Tiefe und Hintergrund unserer Welt zu ahnen. Es mag sein, daß diese Geschichte, gerade diese, eine späte Ausformung einer anders nicht darstellbaren Glaubenserfahrung ist, also das, was wir eine »Legende« nennen und was wir mit der uns vertrauten geschichtlichen Realität weder verbinden können noch verbinden wollen. Eine Legende also. Aber was sagt das? Wem begegnete der »Engel des Herrn«? Den Hirten? Oder den Menschen, die mit Jesus über die Hügel von Galiläa zogen? Oder dem späten Berichterstatter, der seine Erkenntnis in dieses Gefäß goß? Geistige Erfahrungen sind mit historischen oder literaturkritischen Erwägungen nicht so einfach dingfest zu machen.

»Und sie fürchteten sich sehr«, heißt es. Das heißt, sie standen dem Begegnenden mit Furcht oder Ehrfurcht, mit dem Entsetzen, dem Schrekken, der Fassungslosigkeit oder auch dem kreatürlichen Beben gegenüber, welches das Ungeheure, das Unheimliche auslöst. Und der Engel sprach zu ihnen: »Fürchtet euch nicht!« Das heißt: Nehmt das Unheimliche an; der, der in ihm kommt, zerstört nicht, bedroht nicht, reißt eure Welt nicht auseinander. Er bezieht euch ein in seine wirkende Kraft, er schützt, rettet, umfaßt; er macht ganz im

Gegenteil eure kleine Welt erst wohnlich, erst zur Heimat. »Fürchtet euch nicht.« Laßt das Ungeheure ein, es wird sich als hilfreich erweisen.

»Siehe, ich verkündige euch große Freude. Denn euch ist heute der Retter geboren« (Lukas 2,10.11), der Helfer, der Schützer, der Repräsentant des Gottes, dem wir »Engel« dienen, droben über den Sternen und unten auf der Erde. Der »Gesalbte«, das heißt der von Gott Erwählte und Eingesetzte, der die Stelle Gottes auf dieser Erde euch Menschen gegenüber einnimmt, ist geboren in der Stadt Davids.

Wir sind gewöhnt, im Bild von dem Kind, das in der Krippe liegt, die Wehrlosigkeit zu verehren, zu der Gott sich herabläßt. Wir sind gewöhnt, das ohnmächtige Kind als den Helfer der Ohnmächtigen zu beschreiben und das Paradoxe dieser Vorstellung stehenzulassen. Aber ich weiß nicht, ob die Geschichte von Bethlehem dies meint, ob sie den Bedrohten, von der Wüste Umschlossenen, von herumstreunenden Banden Gefährdeten, von den Seßhaften in Bethlehem Verachteten, den »Hirten auf dem Felde« wirklich die Bedrohtheit und Gefährdung Gottes zeigen will.

Da werden die konkreten Zeichen genannt: Das Dorf. Das Kind. Die Windeln. Der Futtertrog. Aber während der Engel dies sprach, da war »alsbald bei den Hirten die Menge der himmlischen Heerscharen«, die den überirdischen Lobgesang herabziehen auf die Erde des Menschen und sprechen: »Ehre sei Gott in der Höhe und Friede auf Erden den Menschen des Wohlgefallens!« (Lukas 2,11–14).

Ehre – das heißt: Gewalt, die respektiert wird, Macht, die der Dienende verehrt – sei Gott in der Höhe und Friede auf Erden den Menschen, denen

Gott sich kundtut. Denn wenn Gott »Wohlgefallen« an einem Menschen hat, dann wendet er sich ihm zu, spricht zu ihm, zeigt sich ihm freundlich.

Und dies wäre dann der Sinn des Lobgesangs: Wir preisen den Gott, der in der Höhe herrscht, und wir treten in seinem Namen auf euch Menschen zu mit dem Friedensgruß, wie ein Nomade in der Wüste auf ein Zelt zutritt mit dem Wort »Friede!«, »Salaam!«. Nicht, daß nun nirgends auf der Erde mehr Krieg sei, sagen sie, sondern daß Gott sich diesen Menschen, den Hirten auf den Feldern von Bethlehem, mit dem Friedensgruß zuwendet, eben weil dies die Menschen sind, an denen Gott Wohlgefallen hat, denen er sich zeigen, sich öffnen, sich offenbaren will. Der Friedensgruß ist ja ursprünglich kein Wunsch, der dem Begegnenden gilt, sondern eine Erklärung: »Friede! Ich komme ohne kriegerische Absicht. Laß auch du die Waffe ruhen.«

Die Hirten sind in dieser Nacht die »Menschen des Wohlgefallens«, die Erwählten, die Herausgehobenen, denen ein Zeichen gegeben wird, und zwar ein Zeichen, durch das ihre Welt, die tausendmal die Welt des Teufels war, endgültig sich als die Welt Gottes offenbart.

Das Wort, das den Frieden bringt

Die Neuzeit hat uns Menschen in hohem Maß die Macht über die Natur verschafft. Fragen wir aber, was Menschen heute ihrer Welt gegenüber empfinden, so stoßen wir auf ein millionenfach verbreitetes Gefühl gänzlicher Ohnmacht. Irgendein Wind, so empfindet man, treibt uns, aber wir wissen nicht, woher er kommt und wohin er geht.

Die Neuzeit versprach, der Mensch werde kraft seines Wissens als Herr der Schöpfung neu in seiner Welt zu Hause sein, nicht bedroht durch unbekannte Mächte, Dämonen oder Götter. Heute empfinden wir, daß unser Weg durch eine immer fremder werdende Welt führt, eine Welt, in der wir nicht mehr zu Hause sind, mit deren unaufhaltsamen Veränderungen weder Kopf noch Herz Schritt halten kann.

Die heutige Aufgabe kann nur erfüllt werden, wenn der Mensch mit Überlegung und Gelassenheit gleichsam über den Problemen bleibt. Denn wer sich ohnmächtig fühlt, wird kaum fähig sein, diese unheimatliche Welt zu lieben, ihre Bedrohtheit zu bedenken und mit freier Phantasie etwas zu ihrer Rettung zu tun.

Statt dessen bleiben allenfalls die Allmachtsphantasien, etwa nach der Art: »Wenn ich Gott wäre, so würde ich aufräumen. Ich würde Ordnung schaffen. Ich würde alle Bösen von der Erde wegfegen. Die Kapitalisten. Die Ausbeuter. Die Gewalttätigen. Die Umstürzler. Ich würde eingreifen, beseitigen, vernichten.«

Das Gottesbild, das danach noch übrig bleibt, wird dementsprechend ein Zerrbild sein, das Bild eines Gottes, der seine Macht brutal ausspielt. Beides aber, das falsche, gewalttätige Gottesbild und die Phantasie eigener Allmacht, wird ein Mensch erst korrigieren können, wenn an die Stelle geträumter Allmacht die Erfahrung wirklicher Kraft getreten ist. Denn nur, wer Kräfte fühlt, wird dem anderen Menschen mit dem Friedensgruß begegnen können statt mit dem Vernichtungswunsch. Es ist darum gerade für uns Heutige wichtig, jene zweite Bedeutungsebene der Weihnachtsgeschichte wieder zu entdecken, von der die Mystiker immer wieder gesprochen haben: Nicht in Bethlehem allein, in dir selbst muß Christus Gestalt gewinnen; jene Bedeutung, von der Paulus sprach, längst ehe Lukas seine Geschichte aufschrieb: der Christus müsse in uns selbst zur Welt kommen, heranreifen vom Kind zum volljährigen Menschen, bis wir selbst die Gestalt des Christus darstellen.

Das ist das eigentliche Geheimnis der nächtlichen Geschichte von Bethlehem: Den Hirten wird keineswegs nur der wehrlose Gott gezeigt, nicht der rührende, kindliche Davidssohn, sondern jenes Kind, in dem die Macht und die Lichtherrlichkeit Gottes zu ihnen kam, um in ihnen Gestalt zu gewinnen und ihnen die Kraft aus Gott zu geben, die sie brauchen, um im Frieden unter dem dunklen Sternhimmel zu leben, »um weniges niedriger als die himmlischen Wesen«.

Die Energie des Christus, nicht seine Schwäche, will in ihnen ans Werk gehen – und das sollen sie zulassen, von hier aus sollen sie ihr Leben ändern. Und so gehen sie hin und erfüllen den Auftrag, den ihnen der Engel gab: Erkennen. Begreifen. Das Bild Gottes in sich aufnehmen. Den Mund auftun und reden. Weitersagen. Zurückkehren. Sich in den Kreis derer stellen, die vor dem Thron Gottes und im Licht seiner Herrlichkeit ihn rühmen. Die Hirten sind bei ihrer Rückkehr aus Bethlehem nicht aufs neue ihrer Ohnmacht anheimgegeben. Sie sind stärker. Sie nehmen ihre Welt an und rühmen Gott. Man wird wohl kaum einem Menschen mehr Kraft zusprechen können als eben jenem, der in dieser Welt Gott zu rühmen vermag.

Die Inkarnation, die Menschwerdung Gottes verwandelt nicht nur das Bild, das wir von Gott haben, sondern auch den Ort, an dem sie geschieht: die Erde. Die Erde wird zu einem Ort der

Begegnung. Wir werden gefunden, und so finden wir Gott. Die Welt wird unsere Heimat.

Wir haben also nicht die steile Aufgabe, aus unserem irdischen Normaldasein herauszutreten, um uns auf den Weg zu Gott zu machen, wobei wir unvermeidlich den »Ort Gottes« außerhalb unserer Welt denken. Die Inkarnation sagt im Gegenteil: Das religiöse Grundereignis ist der Weg Gottes in diese Welt herein, und religiöses Leben ist Leben in einer Welt, die von da an von Gott durchdrungen ist.

Denn unsere Welt ist unheimatlich geworden nicht nur, weil sie gefährlicher, sondern auch und vor allem, weil sie stumm geworden ist und weil wir im Grund unserer Seele die Gefahr ahnen, die von uns selbst ausgeht. Schweigend dehnt sich vor unseren Augen der Kosmos über den letzten Spiralnebel hinaus in eine leere Welttiefe. Und was in den kleinsten Dingen um uns her geschieht, das redet nicht, das ist vielmehr ein erklärbarer, von der Wissenschaft analysierbarer geistfreier Mechanismus. Daß Jean Paul seinen beklemmenden Traum schrieb: »Die Rede des toten Christus vom Weltgebäude herab, daß kein Gott sei«, war ein Zeichen der in der Neuzeit zunehmend empfundenen Verlassenheit des auf sich selbst gestellten Menschen. Der moderne Abendländer stellte erschrocken fest, daß die Welt um ihn her verstummte, weil Gott nicht mehr in ihr war.

Vielleicht liegt hier auch die Ursache für die Erfahrung, daß das Weihnachtsfest in unseren Breiten zwar gefeiert wird, aber kaum mehr etwas bewegt. Wir wenden uns unserer Welt nicht mehr zu, wir versprechen uns nichts mehr davon, daß wir uns selbst in die Dinge einbringen, wir lösen uns aus dem Elementaren und stoßen, was außerhalb unseres Verstandes ist, von uns. Wie sollten wir verstehen, was »Geist Gottes« ist? Denn der zeigt, wo immer von ihm die Rede ist, eine Abwärtsbewegung an: eine Abwärtsbewegung in den kreatürlichen Vorgang einer Geburt, eine Abwärtsbewegung in den Menschengeist, um ihn zu wecken, oder in die verängstigten Seelen einer verlassenen Gemeinschaft, um sie zu begeistern und in Bewegung zu setzen, damit eine »Kirche« entsteht. Der Geist des Menschen lebt in der Vorstellung, es komme darauf an, »aufzusteigen«. Der Geist Gottes bewegt sich unablässig »abwärts«. Das ist der Unterschied. Weihnachten aber ist das Urfest der Herabkunft Gottes in den Geist des Menschen, in seine Seele, seinen Leib, in den Kosmos, die Erde, das Tier, die Pflanze und den Stein. Gott wendet sich der Welt zu und erklärt seinen Frieden.

Und wenn wir, nachdem uns die nächtliche Szene von Bethlehem in die Seele gedrungen ist, uns unserer Welt zuwenden, sprechen wir wie er: Friede auf Erden! Friede allen Menschen! Allem, was lebt und sich regt. Allem, was den Frieden braucht, um leben zu können. Wir machen uns zum Instrument jenes Worts, das an die Menschen unter dem Himmel Bethlehems erging.

Wir sind gewöhnt, das Wort Herrlichkeit, das in der Weihnachtsgeschichte mit großem Gewicht erscheint, so zu hören, als handle es sich bei ihr um eine Macht, die sich mit Gewalt durchsetzt. Neu zu lernen aber wäre, daß »Herrlichkeit« eine Macht meint, die nicht im Gegensatz zur Wehrlosigkeit steht, sondern in ihr sich ausdrückt. »Gewalt« des Gottes, von dem Lukas spricht, unterdrückt nicht, bekämpft nicht, sondern teilt sich mit, gibt und vermittelt Kraft an den, der ihrer bedarf, und die Herrlichkeit dieses Gottes offenbart sich Menschen, die sich ihr öffnen.

Gott ist der »Sprechende«. Die Kreatur aber sucht das Wort derer, zu denen Gott gesprochen hat. Sie ersehnt in uns den Boten Gottes, der in der Weihnachtsgeschichte im »Engel des Herrn« Gestalt annahm. Wir sind der «Engel« der Kreatur, oder wir leben an unserer Bestimmung vorbei.

Die Vision vom Gottesreich

Wer die theologische Literatur der letzten sechzig Jahre durchblättert, also jener Jahrzehnte, die das Denken und Reden der gegenwärtigen Kirche geprägt haben, findet viel über Gott und den Menschen, viel über die Probleme, die die Gesellschaften der Menschen auf dieser Erde belasten, viel auch über den Zustand und die Hoffnung der Kirche selbst. Aber wenn es um die Welt gehen soll, den Kosmos, die Beziehung etwa des Menschen zur außermenschlichen Kreatur, dann herrscht tödliches Schweigen. Allenfalls spricht man mit Respekt oder mit Widerwillen von der Naturwissenschaft und dem technischen Können der heutigen Menschheit, resignierend vor ihrem überlegenen Wissen; aber daß man im Namen des Evangeliums zu den Themen der Naturwissenschaft und der Technik ein Wort zu sagen habe, das ist aus dem, was zu lesen ist, kaum zu ahnen.

Insgesamt ist die Verkündigung des Evangeliums in dieser Zeit mehr und mehr zu einer dürftigen Lehre vom Menschen und seiner Seele und allenfalls seinen sozialen Rahmenbedingungen geschrumpft. In der Beziehung zwischen Gott und Mensch, zwischen Mensch und Mensch und in der des herrschenden

Menschen zu einer ihm untergebenen Kreatur erschöpft sich das Gedankenspiel der Theologie. Und ist vom Handeln die Rede, dann zeigt sich, daß die christliche Ethik der Schöpfung gegenüber bis zum heutigen Tag Herrenmoral ist und der Christ sich als Nutznießer seiner Herrschaft sieht, versehen mit allen Rechten, die in einer feudalen Ordnung einem »Herrn« zukommen.

Ein erster großer Versuch, vom Evangelium aus Konsequenzen für den Glauben an Gott, den Schöpfer, und den Umgang mit seiner Welt zu ziehen, war die Rede des Biologen Charles Birch auf der Vollversammlung des Ökumenischen Rates der Kirchen in Nairobi im Jahr 1975.

Charles Birch hat zuerst, wie ich meine, den weltumspannenden Zusammenhang gezeigt, der zwischen der Not der Menschen in den Entwicklungsländern und der Not der Natur selbst besteht. Er hat von Befreiung gesprochen, und zwar von einer einzigen großen Befreiungsbewegung, die hier die Form der Befreiung der Frau annimmt, dort die Befreiung der Armen, dort die Befreiung der Wissenschaft und Technik aus ihren eigenen Voraussetzungen, dort die der Tiere und der Pflanzen, der Luft und der Ozeane, der Wälder, Wüsten, Berge und Täler. Er forderte ein Naturverständnis, das von einer sakramentalen, wir könnten auch sagen: inkarnatorischen Vorstellung von dem Ineinander von Gott und der Welt ausgeht. Er fordert den Respekt vor dem Eigenrecht und Eigenwert der Geschöpfe und die Einsicht in die gegenseitige Abhängigkeit aller Kreatur und also das Ende der Herrschaft des Menschen.

Auf derselben Versammlung wurde denn auch ein Beschluß verabschiedet, der durchaus das Programm für eine gründliche Neubesinnung unter den Christen enthält:

»Die Menschheit ist jetzt aufgerufen, sich auf den Weg zu einer lebensfähigen Weltgemeinschaft zu machen, in der Wissenschaft und Technik dazu dienen, die materiellen und spirituellen Grundbedürfnisse der Menschen zu verwirklichen, der menschlichen Not entgegenzuwirken und eine Umwelt zu schaffen, die allen Menschen unbefristet eine angemessene Lebensqualität garantiert. Hierzu gehört, daß wir unsere Zivilisation grundlegend verändern, neue Techniken entwickeln, neue Einsatzbereiche für die Technik entdecken und eine neue internationale Wirtschaftsordnung sowie neue politische Systeme verwirklichen ... Die Welt steht am Ende einer Epoche des Triumphalismus in Gebrauch und Entfaltung von Wissenschaft und Technik.«

Soll dieses Grundsatzprogramm den christlichen Glauben wirklich prägen, so muß es sozusagen durch alle Glaubensartikel durchbuchstabiert werden. Dann verändert sich nicht nur unser Bild von Gott und nicht nur unser Bild von der Schöpfung, sondern auch das Bild, das wir uns von Christus, vom Menschen, vom Wesen und Wirken des Geistes Gottes und zuletzt vom Wesen und Auftrag der Kirche machen. Das aber und nicht weniger ist es, was die Stunde fordert. Es ist uns freilich noch weitgehend neu und fremd. Wir haben seit Jahrhunderten beharrlich immer wieder das Nötige getan, um das heilende Geschehen der Weihnacht und anderer Feste der Christenheit scharf auf das Heil einzugrenzen, das am Menschen geschieht. Nach dem prophetischen Wort der Bibel aber wird gerade die Menschwerdung Gottes ein Vorgang sein, der die Schöpfung insgesamt betrifft.

Bei Hosea ist zu lesen:

»Es wird eine Zeit kommen,
da schließe ich für dich einen Bund
mit den Tieren auf dem Felde,
mit den Vögeln unter dem Himmel
und mit dem Gewürm des Erdbodens
und zerbreche Bogen, Schwert und Rüstung
im Lande.«
(Hosea 2,18)

»Zu dieser Zeit will ich erhören,
spricht der Herr.
Ich will den Himmel erhören,
und der Himmel wird die Erde erhören,
und die sollen euch Menschen erhören.
Ich will die Menschen, mein Volk,
in das Land einsäen
und mich über die erbarmen,
denen Erbarmen mangelt,
und die, die mir nicht zugehörten,
sollen mein Volk sein,
und sie werden sagen: Du bist unser Gott.«
(Hosea, 2,21–23)

Es ist ein grandioses Bild, wie da die Folge der hörenden Zuwendung herabgeht von Gott bis in den Erdboden und bis zu den Menschen. Die Menschen richten an das Getreide die Bitte um Brot. Das Getreide bittet den Boden um Hergabe seiner Kraft. Der Boden bittet den Himmel um Regen, der Himmel bittet für die Erde bei Gott selbst um den Segen, als seien sie alle lebendige Wesen, die mit Stimme und Gehör begabt sind, und als sei die Barmherzigkeit Gottes der Kreatur eingestiftet.

Und wenn »Bogen, Schwert und Rüstung« zerbrochen sein werden, dann wird, so meint Hosea, diese der Kreatur mitgegebene Fähigkeit zur stellvertretenden Sorge des einen für den anderen den Frieden bewirken, nach dem die ganze Schöpfung verlangt.

Unter dem Himmel stehen

Eine geistliche Übung: Unter dem nächtlichen Himmel stehen. Aufrecht. Zwei Stunden lang oder länger. Nichts tun, als das langsame Kreisen der Sterne geschehen lassen wie jener Kreis der Feiernden, die den Psalm 8 gesungen haben. Was halten wir denn von uns selbst? Doch immerhin dies, daß wir in der ungeheuren Bewegung zu stehen vermögen. Aufrecht, bewußt, gelassen. Ich habe das zuerst versucht, als ich im Kriege in den Nächten viele Stunden auf freiem Feld Posten stand, und wieder, als ich mit Beduinen die unglaubliche Stille von Wüstennächten erlebte. Die aufrechte Gestalt des Menschen in einem mit unmeßbaren Energien sich bewegenden Kosmos, sein Stehen zwischen Himmel und Erde, sein Bewußtsein, für diese Erde die Sprache zu haben und für das Wort, das an ihn ergeht, das Ohr: Dies kann gelernt und geübt werden. Es ist eine der Anfängerübungen für den, der wissen will, wer er ist.

Offenbarung durch einen Stern

Frage:

Wie finden wir unseren Weg?

Für viele von uns ist – trotz des Fests der Menschwerdung – die Welt noch immer zerrissen in einen Bereich Gottes und einen Bereich des Teufels. Für sie ist Gott noch immer nicht in diese Welt eingegangen. Er ist noch immer der Gott, der von oben spricht und oben thront. Das Wort »Gott« erinnert noch immer an Gebot und Strafe, an Sollen und Müssen und Nichtdürfen.

Versucht aber der Mensch, wie es heute millionenfach geschieht, diesem Gott zu entrinnen dadurch, daß er sich in einen vermeintlich religionslosen Raum entfernt, so ist das Problem nicht erledigt. Denn nun ist die Welt zwar nicht mehr geteilt in Licht und Finsternis und der Mensch nicht mehr der verdammungswürdige Diener der Sünde, aber die Welt verliert auch ihr Licht, ihre Hoffnung, ihren Glanz, ihren Sinn.

Ehe wir wieder unbefangen, vielleicht gar dankbar die Welt und uns selbst ins Auge fassen können, müssen wir wohl auf unserer Flucht stehengeblieben sein und das Wort »Gott« neu gehört haben. Ehe wir unseren Weg auf dieser Erde finden, muß uns Gott ein Gott der Erde geworden sein.

Die Weisen aus dem Morgenland

Eine der eigentümlichsten Geschichten aus dem Leben Jesu – sie galt der Wissenschaft schon lange als Legende – ist die vom Besuch von Magiern aus dem Osten an der Krippe des Kindes von Bethlehem (Matthäus 2,1–12). Sie hat offenbar den Sinn, Prophetenworte über das »Licht« auszulegen:

»Mache dich auf, werde Licht;
denn dein Licht kommt,
und die Herrlichkeit des Herrn geht auf über dir.
Denn siehe: Finsternis bedeckt das Erdreich
und Dunkel die Völker.
Aber über dir geht auf der Herr,
und sein Glanz erscheint über dir.«
(Jesaja 60,1–2)

»Das Volk, das im Finstern wandert,
sieht ein großes Licht,
und über denen, die im finstern Land wohnen,
scheint es hell.

Denn uns ist ein Kind geboren.
Ein Sohn ist uns gegeben,
und die Herrschaft ruht auf seiner Schulter ...
auf daß seine Herrschaft groß werde
und des Friedens kein Ende sei,
daß er sein Reich stärke und schütze
durch Recht und Gerechtigkeit ...«
(Jesaja 9,1.5.6)

»Als Jesus in Bethlehem in Judäa geboren war« – so lesen wir –, »es war in den Tagen des Königs Herodes, da kamen die Magier vom Osten nach Jerusalem und sprachen: Wo ist der neugeborene König der Juden? Wir haben seinen Stern gesehen im Morgenland und sind gekommen, ihn zu verehren.«

Nach heutiger Erkenntnis war mit der Beobachtung der Magier eine Konjunktion des Königssterns Jupiter mit dem Stern der Juden, dem Saturn, gemeint, und zwar im Zeichen der Fische, das heißt nach orientalischer Vorstellung im südlichen Syrien, also Palästina. Sie fand um das Jahr 6 oder 7 vor Christus statt und wiederholte sich einige Wochen lang immer erneut.

Uns beschäftigt hier nicht die dramatische Wendung, die dieser Besuch nahm, als das Kind für den König und die Schriftgelehrten am Tempel zum Gegenstand erschreckter Aufmerksamkeit wurde. Uns beschäftigt hier zunächst die Tatsache, daß der Evangelist Matthäus von »Magiern« erzählt, die aufgrund eines Sterns oder einer Konjunktion von Sternen sich in Mesopotamien auf die Reise begeben, um in Judäa einen eben geborenen König zu verehren. Uns beschäftigt auch nicht die Frage, wie und wann sich die Geschichte zugetragen haben mag, wie weit sie als historisch anzusehen ist, sondern die, was sie für das Christusbekenntnis des Evangelisten, und das heißt der jungen Kirche, bedeutet hat, was sie also über die Menschwerdung Gottes nach dem Glauben der Christen jener ersten Zeit aussagt.

Was ist mit der kurzen Notiz konkret gemeint? Das »Morgenland« oder das Land der aufgehenden Sonne, wie es wörtlich heißt, ist für den Bewohner Syriens und Palästinas der Raum um Euphrat und Tigris. Dort, in der Nähe des heutigen Bagdad und nicht weit vom alten Babylon, lag in den Jahrhunderten vor und nach Christus die glanzvolle Hauptstadt des Partherreiches: Ktesiphon.

»Magier«, so nannte sich ursprünglich ein Stamm persischer Priester. Das Wort bedeutet ungefähr so viel wie »Träger eines Bundes mit Gott«. Aber in Ktesiphon übten nicht nur die altpersischen Magier ihre Ämter als Priester und Richter aus, hier wurde auch die uralte Priesterweisheit Babylons, ihre Mathematik und Astronomie, ihr Zauber- und Traumdeuterwesen in die persische Überlieferung eingearbeitet. Die Magier waren also in der Zeit, in der Matthäus seine Geschichte erzählt, Erben von zwei Kulturen. Sie waren Sterndeuter in der Überlieferung der Babylonier, und sie waren Priester der persischen Religion, wie sie sich von Zoroaster her in den Jahrhunderten bis zur Zeit Jesu entwickelt hat. Sie waren also ebensosehr Naturwissenschaftler im chaldäisch-babylonischen Sinn wie sie Bewahrer der alten Lichtreligion der Iraner waren.

Diese Religion hatte ihr charakteristisches Gepräge durch eine scharfe Trennung von zwei Bereichen der Welt: Unten dachte sie das Reich der Finsternis, des Bösen, des Unreinen, oben das Reich des Lichts, des Guten und der Reinheit. Unten herrschte der finstere Angra Mainyu oder Ahriman als kosmischer Repräsentant des Bösen, oben der Lichtgott Ahura Mazda, der strahlende, geistige Gott über der geflügelten Sonne. Mit dieser Religion war der Glaube der Juden schon Jahrhunderte vor Christus in Mesopotamien zusammengetroffen, und in der Zeit nach Jesus bestand in der Spannung zwischen dem iranischen und dem jüdisch-christlichen Glauben der wichtigste religiöse Gegensatz in der damaligen Welt. Noch Jahrhunderte lang spielte sich zwischen diesen beiden Religionen der eigentliche geistige Kampf in der spätrömischen Welt ab.

Diese Licht- und Finsternisreligion hatte für die Menschen der damaligen Zeit etwas Faszinierendes. In der allgemeinen Mischung der Religionen wußte niemand mehr so recht Bescheid. Die Welt war voll von Kulten aller Art und Herkunft. In der Erde, in der Luft und im Himmel tummelten sich die anonymen Kräfte, die Mächte, die Elementargeister, die Dämonen, die Erdgötter und Himmelsfürsten; und in den Sakramenten der Mysterienreligionen verbanden sich Zauberei, Magie und Sternglaube aufs unübersichtlichste mit allen Religionen und Weisheitslehren. Wie wohltuend hob sich davon die persische Religion ab! Da war Klarheit. Oben war Licht. Unten war Finsternis. Basta. Und der Mensch hatte die klare und deutliche und jedermann verständliche Entscheidung zu treffen zwischen gut und böse, gerecht und ungerecht. Es gab nur zweierlei Menschen: die Reinen und die Unreinen. Und wer zu den Reinen gehörte, der hob sich für Zeit und Ewigkeit von den Unreinen ab.

Nun erzählt also Matthäus: Da begeben sich die Repräsentanten der iranischen Religion auf die Reise. Sie sehen einen Stern und wandern nach Westen. Sie wallfahren zu dem Kind, in dem der Gott der Juden sich kundtut. Sie gelangen nach Bethlehem und bringen dem Kind Gold, Weihrauch und Myrrhe, also Geschenke, wie der antike Mensch sie einem König und einem Gott zu bringen hat.

Sie kommen aus einer Welt, die in Licht und Finsternis gespalten ist. Sie sehen am Himmel ein Lichtzeichen und folgern daraus, es müsse unten auf der Erde etwas geschehen sein. Der Gott des Lichts müsse sich in irgendeinem lichtvollen Ereignis kundgetan haben, und wenn da ein König geboren sein sollte, dann müsse er der Sohn des Lichtgotts sein, vom Himmel her eingesetzt, mit der Herrlichkeit der himmlischen Erscheinung ausgestattet und mit dem Amt, auf der Erde den Kampf des Lichts gegen die Finsternis zu kämpfen. Er müsse die Menschen aus dem Bann der Finsternis und des Bösen herausreißen und sie für das Licht retten, zugleich aber die Bösen unter ihnen vernichten, zertreten, ausrotten und so das Reich der Finsternis zerstören.

Aber die Magier finden nicht einen Lichtgott in der Wiege einer Königsfamilie, sondern ein Kind, das ganz und gar Teil jener unteren Welt ist, die sie dem Dunkel und dem Widergöttlichen zugeordnet hatten, und eben diese untere Welt wird ihnen transparent für das Licht. Der Stern spiegelt sich nicht in seinem Lichtrepräsentanten auf der Erde, sondern beleuchtet eine dunkle Szene. Der Stern zeigt etwas an, das er eigentlich nicht anzeigen kann: nämlich eine Offenbarung Gottes mit den Mitteln der Dunkelheit. Eine Offenbarung des Lichts, ohne daß irgendwo Licht sichtbar wäre. Ein Kind, ja. Eine arme Familie. Eine Höhle oder eine Lehmhütte. Nichts weiter? Wenn sie nichts weiter gesehen hätten, wären sie gewiß mißmutig nach Hause geritten. »Auf einem anderen Weg«, wie Matthäus schreibt, aber nicht, weil ihnen der Engel dies befohlen hätte, sondern weil sie keine Lust gehabt hätten, mit Herodes und den Schriftgelehrten von Jerusalem ihren Irrtum zu diskutieren.

Das ist das Erstaunliche: Sie erkannten das Licht in der dunklen Szene, und eine neue, eine anders gedeutete Welt als die ihnen vertraute ging ihnen auf.

Vom Geist jener überwundenen Licht- und Finsternisreligion aber hat das Christentum im Laufe seiner Geschichte immer wieder bis zur Besinnungslosigkeit getrunken. Wenn wir eine Kirche haben, so dachte man, dann muß sie herrlich, prächtig, gewaltig, reich und mächtig sein. Wenn wir ein Priesteramt haben, dann müssen unsere Priester übernatürliche Qualität besitzen, müssen Überirdisches bewirken, müssen mit aller Pracht und Herrlichkeit gewandet sein und sich von allem Befleckenden, etwa auch vom Weibe, fernhalten. Und so haben sich nicht nur bestimmte Amtskirchen, sondern auch unzählige Gruppen, Sekten und Miniaturkirchen als besonders rein, himmlisch, erwählt und von allem Bösen getrennt verstanden. Und immer ging dabei das Evangelium von dem herabsteigenden Geist Gottes verloren.

Für viele von uns hätte die Reise der Magier etwas Heilsames. Denn für viele von uns ist die Welt noch immer zerrissen in einen Bereich Gottes und einen Bereich des Teufels. Für sie ist Gott noch immer nicht in diese Welt eingegangen. Er ist noch immer der Gott, der von oben spricht und oben thront. Das Wort »Gott« erinnert noch immer an Gebot und Strafe, an Sollen, Müssen und Nichtdürfen.

Versucht aber der Mensch, wie es millionenfach geschieht, diesem Gott zu entrinnen dadurch, daß er sich in einen vermeintlich religionslosen Raum entfernt, so ist das Problem nicht erledigt. Denn nun ist die Welt zwar nicht mehr geteilt in Licht und Finsternis und der Mensch nicht mehr der verdammungswürdige Diener der Sünde, aber sie verliert auch ihr Licht, ihre Hoffnung, ihren Glanz, ihren Sinn.

Ehe wir wieder unbefangen, vielleicht gar dankbar die Welt und uns selbst ins Auge fassen können, müssen wir wohl auf unserer Flucht stehengeblieben sein und das Wort »Gott« neu gehört haben. Ehe wir unseren Weg auf dieser Erde finden, muß uns Gott ein Gott der Erde geworden sein.

Die Geschichte von den Magiern aus dem Morgenland sagt: Gott ist nicht der feindselig Verschlossene, sondern der freundlich Offene. Auf der Erde unten ist nicht der Fluch, sondern der Weg. Himmel und Erde sind aufeinander bezogen, so, daß die Erde von Gott erfüllt ist wie der Himmel, daß die dunkle Höhle Ort Gottes ist ebenso wie der Glanz der Sterne.

Der Himmel leuchtet, und die Erde ist ein Land, durch das ein Weg führt. Das ist die Erfahrung der Magier. Die Welt ist eine, Gott ist überall, und er umfaßt Himmel, Erde und Abgrund. In dem Kind des Lichts, das keineswegs zur Welt kam, um alle Bösen dieser Welt niederzutreten, sondern um die Menschen aus der Verstrickung in das Böse und Dunkle herauszulieben, ist die Welt ganz und heil geworden.

Für die Magier war, wenn sie begriffen haben, was da vor ihren Augen geschah, alles anders geworden, als sie nach Hause ritten. Gott war größer. Die Welt war voll von Gott. Ihr Weg war Weisung und Deutung des Heils. Und so reisten sie nicht nur »auf einem anderen Weg«, sondern im Grunde auf einer anderen Erde zurück als auf der sie hergeritten waren, auf einer erlösten, einer der Finsternis gerade nicht mehr ausgelieferten.

Das Geheimnis des Christus

Das Evangelium sagt, in Christus sei eine neue, umfassende Gemeinschaft hergestellt worden zwischen dem Schöpfer und dem Geschöpf, zwischen dem Menschen und der übrigen Kreatur. Es sagt, Christus stifte Frieden nicht nur zwischen Gott und Mensch, sondern im Kosmos insgesamt.

So lesen wir im Brief an die Kolosser:

»Christus ist das sichtbare Bild
des unsichtbaren Gottes.
Er ist sein Bevollmächtigter
gegenüber allen Geschöpfen.
Denn in ihm liegt das Geheimnis der Schöpfung;
die Welten der Sterne und auch unsere Erde
wurden durch ihn geschaffen:
Das Sichtbare und das Unsichtbare,
alle Mächte und Kräfte der Natur,
alle ihre Elemente und
ihre Gesetze wurden durch ihn.
Er ist allem voraus,
und alles hat seinen Bestand in ihm.
Denn die ganze Fülle Gottes nahm Wohnung in ihm,
damit das All durch ihn zurückfände
in Gott hinein;
alles, was auf Erden und im Himmel ist,
fand den Frieden durch ihn.« (Kolosser 1,16–20)

Wir gehen an solchen Stellen des Neuen Testaments seit langem vorbei, weil auch wir Christen meinen, mit »Spekulationen« nichts anfangen zu können. Aber das wäre doch wohl das einzige, das uns aus der Trauer führen könnte: das Vertrauen, daß selbst diese zerstörte Menschenwelt mit umfaßt ist von Christus, der der Anfang ist und die Gegenwart und das Ende zugleich.

Es darf uns nicht wundern, daß uns ein solches Wort Mühe bereitet. Für uns heutige Menschen besteht die Welt aus greifbaren Dingen, und es ist für uns fremd und ungewohnt, uns vorzustellen, die Welt habe einen geistigen Hintergrund. Uns fehlt die Übung, die nötig wäre, wenn sich uns die Dimension religiöser Bilder und Gedanken öffnen sollte. Wir haben Mühe, Geheimnisse gelten zu lassen; so verschließen sie sich uns, und wir behalten nur das

Beweisbare und das Vernünftige in der Hand. Wir fragen richtungslos nach dem Sinn, den dieses Leben haben könnte, und wundern uns, daß er sich nicht zeigen will.

Für uns wird es immer wichtiger, zu lernen, durch die Dinge gleichsam hindurchzusehen. Das Licht wahrzunehmen, das in den Dingen ist. Die Gegenwart Gottes zu schauen durch die Oberflächen der Dinge hindurch. Der Weg der Magier aus dem Osten ist der Meditationsweg, den wir heute wieder finden müssen: Licht wahrnehmen, sich dem Licht öffnen, die Welt und sich selbst in diesem Licht sehen und dann auf dieser Erde einen Weg gehen, über dem das Licht ist.

Wir müssen diesen Weg wieder finden, wenn wir nicht uns selbst und die Welt und Gott, all dies zugleich, verlieren wollen. Denn allzulange versäumten wir, das Ahnungsvermögen zu üben, das wir nötig hätten, um der Wirklichkeit auf die Spur zu kommen und um die Wahrheit unseres eigenen Daseins zu erfassen. Nicht nur die Welt, auch wir selbst sind feiner organisiert als wir meinen. Gelingt es uns nicht, die Augen für die andere und größere Wirklichkeit zu öffnen, so werden wir nicht nur unsere Erde, sondern auch uns selbst zerstören.

Ich habe es schon gesagt: Es ist den christlichen Kirchen über alle Konfessionen hinweg gemeinsam, daß sie den Glauben immer wieder eingrenzen auf den Menschen. Wir reden von Gott und dem Menschen so isoliert, als wäre damit die ganze Wirklichkeit Gottes und der Welt umschrieben. Wir feiern die Versöhnung zwischen dem Menschen und Gott. Wir hoffen auf die Erlösung des Menschen. Wir glauben an die Rechtfertigung des Menschen, Tod und Auferstehung des Menschen.

Und die Vollendung der Welt besteht aus der himmlischen Gemeinschaft der Menschen mit ihrem Gott.

Dagegen hat Jesus von einem »Reich« gesprochen, also einem Lebenszusammenhang, in dem alles seinen Ort hat. Und der Kolosserbrief sagt, im Grunde gelte alles, was wir durch Christus von Gott wissen, für die Welt überhaupt. Wenn Gott die Welt geschaffen habe, dann sei er der Gott, der für uns das Gesicht Christi trägt. Und dieser Christus habe im Namen Gottes Frieden geschaffen, nicht nur zwischen Gott und uns, sondern auch zwischen uns und der Schöpfung.

Der Kolosserbrief nimmt die Gedanken des 8. Psalms wieder auf: Gott hat den Menschen zum Mittler in den Kosmos gestellt, zu seinem Bevollmächtigten gegenüber den anderen Geschöpfen. Er wendet diesen Gedanken auf den an, der den kommenden Menschen verkörpert, und sagt: In Christus liegt das Geheimnis der Schöpfung. Die ganze Fülle Gottes nahm Wohnung in ihm, damit das All durch ihn zurückfinde in Gott hinein; alles, was auf Erden und im Himmel ist, fand den Frieden durch ihn. Er ist nun der Mensch, der von der Herrlichkeit Gottes Zeugnis ablegt allen Geschöpfen dieser Welt gegenüber. Ist aber Christus das Geheimnis der Schöpfung, wie sollten wir es ertragen, daß der christliche Glaube sich selbst immer und immerfort eingrenzt auf die Belange des Menschen?

Es war in den zwanziger Jahren, im ersten Aufkommen der sogenannten Existenzphilosophie, als Martin Heidegger den Menschen, seine Existenz und seine Angst zum zentralen Thema der Philosophie machte. Damals begegnete der andere große Philosoph jener Zeit, Nikolai Hartmann, dem jungen Heidegger auf der Treppe in der Universität, blieb vor ihm stehen, schaute ihn an, sagte: »Herr Kollege, es gibt wichtigere Dinge als den Menschen!« und ging hinauf in die Sternwarte.

Das ist es, was der Kolosserbrief in jenen fernen und fremden Bildern ausdrücken will: Es gibt wichtigere Dinge als den Menschen. Du verkennst Gott, wenn du ihn zum Gott allein des Menschen machst. Du verkennst Christus, wenn du ihn zum Stifter des Friedens allein zwischen Gott und dir machst. Es geht um einen größeren Zusammenhang.

Ich meine nun, nicht nur unser Glaube müsse neu sehen lernen, sondern auch unser wissenschaftlicher und technischer Verstand. Kein Physiker und kein Biologe hat heute das Wissen, das ihn instand setzte, zu begreifen, wie die Welt gebaut ist und wie sie im Kleinen und Großen funktioniert. Niemand hat das Wissen, das unerläßlich wäre, um die Konsequenzen zu beschreiben und zu beurteilen, die ein noch so geringfügiger Eingriff in den Lebenszusammenhang der Schöpfung nach sich zieht.

Noch immer sind wir der merkwürdig irrationalen Meinung, beliebige Eingriffe und Veränderungen vornehmen zu dürfen, wo immer wir wollen, auch wenn uns die Folgen unseres Tuns unbekannt sind. Ehrfurcht auch vor der Welt ist darum heute nicht die Maxime eines weltabgewandten Mystizismus, sondern gerade eine Forderung nach bewußter Sachlichkeit und klarer Rationalität.

Ganz einfache Erkenntnisse sind es, die wir einüben sollten, etwa die, die der Prophet Jesaja in die Worte faßt:

»Wer mißt die Wasser mit der hohlen Hand,
und wer bestimmt des Himmels Weite
mit der Spanne

und faßt den Staub der Erde mit dem Maß
und wiegt die Berge mit einem Gewicht
und die Hügel mit einer Waage?
Wer bestimmt den Geist des Herrn,
und welcher Ratgeber unterweist ihn?
Wen fragt er um Rat,
der ihm Einsicht gebe
und lehre ihn den Weg des Rechts
und lehre ihn Erkenntnis
und weise ihm den Weg des Verstandes?«
(Jesaja 40,12–14)

Eine sehr schlichte Frömmigkeit müßte sich heute mit dem wissenschaftlichen Denken verbinden, soll nicht der wissenschaftliche Fortschritt das Ende der Menschengeschichte bewirken.

Es geht aber nicht nur um die Ausdehnung unserer geistlichen Besinnung auf den äußeren Kosmos, sondern vor allem auch um ein neues Sammeln von Erfahrungen mit der inneren Welt unserer eigenen Seele. Und es geht drittens darum, ob wir die Verknüpfungen wiederfinden, die zwischen den Erfahrungen in uns selbst und in unserer Außenwelt bestehen.

So finden wir in den Geschichten um Jesus immer wieder erstaunliche Aussagen. Da ist von Dämonen die Rede, die in Menschen am Werk seien. Da wird erzählt, Jesus habe mit Dämonen gesprochen. Seltsamer noch: Als auf dem See sich ein Unwetter erhob, habe Jesus den Sturm angeredet, als sei er ein dämonisches Wesen, er habe ihm »geboten«, still zu sein.

Wir reden heute, wo die Alten von Dämonen redeten, von der »Seele« und ihrer Tiefe, von Trieben, Komplexen, Archetypen oder auch von einem kollektiven Unbewußten. Aber eben damit, so meine ich, haben wir für dieselbe undeutbare Wirklichkeit nur einen neuen, scheinbar rationalen Beschreibungsbehelf gesetzt. Wir sind den Bildern, den Vermutungen, den tastenden Versuchen des Deutens nicht entronnen. Und wenn wir heute das therapeutische Gespräch von Mensch zu Mensch zur Lösung geheimnisvoller Zwänge einsetzen, tun wir dann etwas anderes als das, was die Alten im Gespräch mit dem Dämon taten, die dabei vielleicht deutlicher wußten und sensibler erfühlten, was sie taten, als es uns heute gegeben ist? Es könnte sich doch so verhalten, daß wir heute neue Deutungsbehelfe nötig haben, weil mittlerweile ein seelischer Bezirk verödet ist, den frühere Zeiten mit Sorgfalt pflegten und den wir aufgeklärten Kinder der Neuzeit seit Jahrhunderten der Verwahrlosung anheimgegeben haben.

Wie es aber allemal geschieht, wo der Mensch vor einem bestimmten Aspekt der Wirklichkeit die Augen verschließt, sind wir, ohne es zu merken oder, wo wir es merken, ohne es deuten zu können, in der Gewalt von Mächten, die mit uns ein elendes Katz-und-Maus-Spiel treiben. »Dämonische« Mächte, so meinen wir, gibt es nicht; also ist erwiesen, daß das, was uns besetzt hält, keine dämonische Macht sein kann. Lieber reden wir von kollektiven Psychosen, von Sachzwängen oder unumkehrbaren Entwicklungen, ohne damit doch mehr gesagt zu haben als dies, daß wir einer Erscheinung, die wir nicht im Griff haben, hilflos gegenüberstehen.

Ich meine in der Tat, die Hausaufgabe für die wacheren unter unseren Zeitgenossen bestehe darin, sich bisher ausgesparten, verleugneten, vergessenen Wirklichkeiten neu zu öffnen und es in Kauf zu nehmen, daß man sie rückständig oder Schlimmeres schilt. Es könnte sein, daß sich ein Weg zeigte, auf dem der neurotische Mangel an Vertrauen, der das Daseinsgefühl der Menschen um uns her bestimmt, ausgefüllt würde und sich uns eine größere, eine reichere, eine tiefere Wirklichkeit offenbarte als die, die wir kennen, und wir fähig würden, uns ihr mit einem neuen Vertrauen zuzuwenden.

Anfänge des Vertrauens

Da wandern oder reiten also ein paar Männer in der Dunkelheit durch die syrische Wüste, unter einem Stern. Es ist seltsam, daß auch in unserer Zeit, die in solchen Geschichten Legenden, Phantasien, Erfindungen erblickt, diese Reise, von der wir so wenig wissen, zu den von Künstlern immer und immer wieder beschworenen Urbildern des wandernden Menschen gehört. Dieses Vertrauen, nach den Zeichen eines Sterns auf der Erde einen Weg zu einem unbekannten Ziel zu suchen und es tatsächlich zu finden, scheint uns Heutige tief zu berühren, uns, denen nichts so entscheidend fehlt wie das Vertrauen in unseren Weg, in unsere Ziele oder gar in einen Gott, der uns Zeichen gäbe, wohin die Reise zu gehen habe. Wie sollte ein Naturereignis, noch dazu eines von außerhalb unserer Erde, einen zutreffenden Hinweis enthalten können auf einen Vorgang in der Geschichte des Menschen? Wie sollten die verschiedenen Schichten oder Räume der Natur eine Botschaft füreinander haben? Wie sollte der Sternhimmel zu mir, dem beobachtenden Menschen, reden können? Wie sollten Stern und Erde, Natur und Mensch vom selben Ereignis berührt sein können?

Das Erstaunliche ist das Vertrauen der fremden, unbekannten Männer, der Weg, den sie auf der Erde suchen, werde sie an den von den Zeichen am Himmel gemeinten Ort führen.

Wie sollen aber wir Menschen von heute uns ein Bild von unserer Zukunft machen können? Es geht ja um den großen Zusammenhang von Gott und Welt auch deshalb, weil uns Besseres verheißen ist als die landläufige Katastrophenprophetie. Wie die Weltgeschichte zu Ende gehen wird, welche Art Katastrophen ihren Schlußpunkt setzen werden, das läßt sich etwa herausrechnen. Besser: Es ließe sich herausrechnen, hätten wir alle Faktoren, die mitwirken, zur Hand. Aber sowenig die Botschaft von der Erschaffung der Welt durch Gott als Faktor in den Katastrophenrechnungen dieser Jahre erscheint, sowenig erscheint in ihnen, was der Kolosserbrief in einer kühnen Verbindung von Schöpfungs- und Christusglauben seinen Zeitgenossen vor Augen stellt, und sowenig auch erscheint darin, was der Glaube an den gegenwärtigen Christus für die Zukunft der Welt zu bedeuten und zu bewirken vermag.

Gilt, was wir von Christus bekennen, dann ist der Garant für den Fortbestand dieser Erde nicht der Mensch allein, so notwendig seine Umkehr zur Behutsamkeit immer sein mag, sondern Christus. Dann ist die Welt voll von bewahrenden Mächten, und wir verlassen uns in unserer Hoffnung für die Welt nicht auf die neu erwachende Vernunft des Menschen und seine neue Verantwortungsfähigkeit allein.

Im zweiten Petrusbrief lesen wir:

»Das Wort, das wir von Gott hören,
ist uns ein Licht,
das uns an einem dunklen Ort leuchtet,

bis der Tag anbricht
und der Morgenstern aufgeht in unserem Herzen.«
(2. Petrus 1,19)

Hier scheint mir die Entscheidung zu fallen zwischen dem Pessimismus dessen, der nachrechnet, was von Kunst und Kenntnis, von Sorgfalt und Umsicht des Menschen zu erwarten oder nicht zu erwarten sei, und dem Vertrauen des anderen, dessen Glaube an Gott, den Schöpfer und Vollender der Welt, eine Wirklichkeit und nicht einen Traum meint. Denn dies ist die Alternative, vor der wir stehen auf unserem Weg in dieser Zeit: Wir hören die Botschaft immer dunklerer Prognosen und gehen in das Ende hinein, das uns verschlingt – oder wir gehen durch die Dunkelheit im Vertrauen auf das Wort, das der Kolosserbrief uns sagt, bis uns das Licht des Christus, der »Morgenstern«, aufgeht.

Was sollen wir tun?

Die Geschichte von den Magiern sagt: Die Welt ist eine, und Gott ist in allen Schichten der Wirklichkeit. Ist dies so, dann verlangt die Krise unseres Umgangs mit unserer Welt eine Änderung unseres praktischen Tuns. Es ist deutlich: Die überlieferte christliche Ethik besitzt die Maßstäbe, die Werte und die Gesichtspunkte nicht, jedenfalls nicht deutlich formuliert, die für das Verhalten von Christen und Nichtchristen in der heutigen Umwelt richtungsweisend wären. Immerhin sucht man heute, in der Kirche und außerhalb ihrer, mit verschiedenen Mitteln, aber bemerkenswert ähnlichen Ergebnissen nach

Normen und Verhaltensmustern für eine Art ökologischer Ethik. Gemeinsam ist allen solchen Versuchen die Überzeugung, daß, da die Umweltkrise von heute dadurch entstanden ist, daß der Mensch seine Interessen gegenüber der Natur rücksichtslos durchsetzte, diese Krise nur überwunden werden kann, wenn der Mensch lernt, statt seiner vermeintlichen Interessen seine wirklichen Lebensbedürfnisse zur Geltung zu bringen.

So hat es seit den ersten Atomversuchen immer wieder Wissenschaftler gegeben, die die Teilnahme an der Entwicklungsarbeit gegen ihr persönliches, berufliches und vielleicht sogar politisches Interesse verweigert haben. Ethik ist hier an den Folgen, nicht an Werten oder Idealen orientiert. Aber auch das ist schon sehr viel. Sehe ich die Folgen meines Tuns und ziehe ich daraus die Konsequenz der Weigerung, dann gebe ich meinem Tun die Struktur der Verantwortung. Das Ziel der Weigerung oder des Tuns aus Verantwortung wird das »Überleben« der Menschheit sein oder das Überleben der Biosphäre insgesamt. Das ist noch nicht eine Ethik, die eine seelische Wandlung der Menschheit voraussetzt oder mit sich bringt, aber es ist ein unentbehrlicher, von den Experten der Naturwissenschaft zu erbringender Teil einer Gesamtleistung der Menschheit, ohne die es kein Überleben geben wird.

So erinnern wir uns des Namens Albert Schweitzers und seiner Ethik der Ehrfurcht vor dem Leben. Es ist nicht lange her, daß beide, der Mann und seine Gedanken, von der theologischen Zunft mit mildem Spott oder lässiger Verachtung abgetan wurden. Heute wäre nicht nur nötig, daß er unter den Fachleuten der Theologie rehabilitiert würde, sondern auch, daß man seine Gedanken neu ernst nähme.

Schweitzer setzt an den Anfang seiner ethischen

Überlegung den schlichten Satz: »Ich bin Leben, das leben will, inmitten von Leben, das leben will.« Und er deutet die Folgerung, daß gut sei, Leben zu erhalten und zu fördern, böse, Leben zu vernichten und zu hemmen, als eine Ausweitung des Liebesgebots auf die Schöpfung. Er schreibt: »Wie in meinem Willen zum Leben Sehnsucht ist nach dem Weiterleben und nach der geheimnisvollen Gehobenheit des Willens zum Leben, die man Lust nennt, und Angst vor der Vernichtung und der geheimnisvollen Beeinträchtigung des Willens zum Leben, die man Schmerz nennt; also auch in dem Willen zum Leben um mich herum, ob er sich mir gegenüber äußern kann oder ob er stumm bleibt. Ethik besteht also darin, daß ich die Nötigung erlebe, allem Willen zum Leben die gleiche Ehrfurcht vor dem Leben entgegenzubringen wie dem eigenen.«

Das bedeutet insofern weder Romantik noch idealistische Träumerei, als Albert Schweitzer von dem tragischen Untergrund allen noch so verantwortlichen Umgangs des einen Lebens mit dem anderen Leben ausgeht. Niemand wird alles Leben schonen können, er wird immer auch vom Leben anderer leben. Niemand wird die Not und Angst der Kreatur aufheben können, auch nicht durch Ehrfurcht; aber vielleicht wäre es schon viel, wenn dieser kreatürlichen und in der Schöpfung mitgesetzten Not und Angst wenigstens die Ehrfurcht vor dem Leid begegnete. Es ist insofern keine Schwärmerei in Schweitzers Ethik, als er weiß, daß wir töten müssen, und fordert, wir sollten es mit dem Bewußtsein tun, daß wir, auch wo wir nur unser Leben erhalten, am Leben anderer schuldig werden. Es wäre schon viel, hätte die Theologie in ihre Überlegungen zum Umgang mit dem Leben wenigstens diesen letzten Gesichtspunkt aufgenommen.

Heute entwickeln sich an verschiedenen Stellen der öffentlichen Diskussion Entwürfe zu einer »humanökologischen Wertethik«, deren Sinn es ist, Gesichtspunkte und Maßstäbe für konkretes Entscheiden zwischen höheren und niederen »Werten« zu ermöglichen.

So wird nach einer heutigen »Überlebensethik« das »Überleben« – man möchte den Gesichtspunkt fast eine Banalität nennen, wenn er nicht so viel übersehen würde – »zur Voraussetzung für den Fortgang der Menschheitsgeschichte«. Aber auch das, was wir Menschen »unsere Geschichte« nennen, kann heute nicht mehr allein das Maß sein, das die weitere Entwicklung des Lebens auf unserer Erde bestimmt. Im Gegenteil. Einer hat – paradox – gesagt: »Könnte der Mensch nicht gerade aufgrund höchst moralischer Erkenntnisse zu der Überzeugung gelangen, daß es nicht mehr verantwortbar sei, die Menschheitsgeschichte noch weiter ihren Fortgang nehmen zu lassen?« Überlebensethik hat heute jedenfalls nur noch Sinn, wenn die Forderung nach »Überleben« auch die außermenschliche Kreatur energisch mit einbezieht.

Insgesamt wird, wer die Versuche zur ethischen Neubestimmung verfolgt, eher zum Pessimismus als zur Zuversicht neigen. In früheren Jahrtausenden war das Verhalten des Menschen gegenüber seiner Umwelt durch religiöse Tabus geregelt. Die religiösen Tabus sind gefallen. Was der Mensch an die Stelle setzte, wird nicht denselben Wirkungsgrad erreichen, und dies gilt angesichts einer Krise, die selbst mit dem Wirkungsgrad religiöser Tabus von früher kaum mehr zu bewältigen wäre.

Wir haben keine Maßstäbe, mit denen wir wirklich auf dem ganzen Felde des Umgangs mit der

Schöpfung zurechtkämen. Ist Schönheit – zum Beispiel – für uns eine ethische Kategorie? Bedeutet es ethisch nichts, daß unsere Welt häßlich wird, daß wir sie verunstalten? Ist Schönheit kein Argument für Wahrheit? Bleibt nicht unser noch so ernstes Bemühen um ein richtiges Verhalten höchst unvollständig, solange Schönheit und Häßlichkeit unserer Welt die ethische Überlegung noch nicht berühren?

Eine Hoffnung liegt am ehesten noch darin, daß so viele kleine und größere Gruppen und Gemeinschaften konkrete Schritte unternehmen, anders zu denken und anders zu leben als bisher. Ein Beispiel bietet die englische »Lebensstilbewegung« an, eine Gemeinschaft von Christen, in deren Verpflichtung unter anderem zu lesen ist:

»Ich erkenne, daß die friedliche Entwicklung der Menschheit, vielleicht sogar ihr Überleben, auf vierfache Weise bedroht ist:

- durch die schreiende Ungerechtigkeit von äußerster Armut und äußerstem Reichtum
- durch ein explosionsartiges Bevölkerungswachstum
- durch die weltweite Verschmutzung der Natur und ihrer Güter
- durch den verschwenderischen Konsum dieser Güter durch eine Minderheit unter der Weltbevölkerung.

Ich setze mir deshalb zum Ziel,

- einfacher zu leben, damit andere überhaupt leben können;
- meinen eigenen Lebensstil, soweit erforderlich, zuerst selbst zu ändern, bevor ich es von anderen verlange;
- freier zu sein im Geben, damit ich andere zum Geben befreie;

- zu lernen, daß Menschen, die ärmer sind als ich, mir einen Lebensstil vorleben können, der eine gesunde Alternative bildet zu den Zwängen einer konkurrenzbestimmten, fremdgesteuerten und materialistisch geprägten Gesellschaft.

Ich werde mich aktiv einsetzen für politische und gesellschaftliche Aktionen und für wirtschaftliche Zielsetzungen, die geeignet sind, die Güter der Erde zu schonen, zu erschließen und der gesamten Menschheit zugänglich zu machen.

Ich werde mich bemühen,

- mich nicht von der Werbung dazu verleiten zu lassen, Dinge zu kaufen, die ich in Wirklichkeit nicht brauche;
- mich, wo es sinnvoll ist, dafür einzusetzen, daß Materialien und Gebrauchsgegenstände wiederverwendet, ausgebessert oder repariert werden.

Ich werde einen bestimmten Prozentsatz meines Nettoeinkommens den Armen zukommen lassen, besonders den Armen in den Entwicklungsländern.«

Der 7. Evangelische Akademikertag 1974 hat eine »Erklärung über die Selbstverständlichkeiten von morgen« verabschiedet, an die ich hier erinnern möchte:

»Wir haben es lange Zeit für selbstverständlich gehalten,

- daß die Natur beliebig belastbar ist und daß die Rohstoffe uns unbegrenzt zur Verfügung stehen;
- daß der technische Fortschritt immer wieder alle Engpässe und Schwierigkeiten überwinden wird;
- daß unser Realeinkommen Jahr für Jahr zunimmt;
- daß mit dem Lebensstandard auch die Qualität unseres Lebens wächst;

– daß Verteilungsprobleme durch wirtschaftliches Wachstum erledigt werden können;
– daß unser Lebensinteresse notfalls gegen die Interessen der Entwicklungsländer durchzusetzen ist;
– daß unsere Errungenschaften von der kommenden Generation mit Beifall übernommen werden.

Inzwischen gehen unsere Rechnungen nicht mehr auf. Eine Serie von Krisen (Energie-, Rohstoff-, Währungs-, Umweltkrise) hat unsere bisherige Erwartung eines stetigen Wirtschaftswachstums erschüttert . . .

Deshalb fordern wir eine Politik, die über bloße Krisenbekämpfung hinaus langfristige Strukturveränderungen einleitet und das öffentliche Bewußtsein auf die Selbstverständlichkeiten von morgen vorbereitet . . .

Wo nicht vermehrbare Lebensgüter vorliegen (Grund und Boden, Rohstoffe, Wasser, Luft, Zugang zur schönen Landschaft), müssen die Bedürfnisse der breiten Bevölkerung Vorrang vor privatem Interesse haben. Wo unsere Eigentumsordnung diesem Ziel entgegensteht, muß sie geändert werden . . .«

Ähnliche Kataloge sind in den letzten Jahren von einer großen Anzahl von Vereinigungen und Bürgerinitiativen entwickelt worden. Eine Einzelstimme, der Brief einer Frau nach einer Rundfunksendung zum Thema, mag stellvertretend für die neue Einstellung wiedergegeben sein:

»Es war nicht sinnvoll, zweimal im Jahr neue Kleider zu kaufen, nur weil die Mode es so wollte. Es war nicht sinnvoll, lange Urlaubsreisen mit den Kindern zu unternehmen, weil es die anderen auch taten. Es war nicht sinnvoll, den Fernseher einzuschalten, nur weil er eben da war. Es war nicht sinnvoll, bei fast jedem Einkauf auch Süßigkeiten mitzunehmen, nur weil das Angebot so verlockend war. Es war nicht sinnvoll, die Gedanken an Krankheit, Tod, Alter und Einsamkeit zu verdrängen. Ich fühle mich nun freier, glücklicher und mutiger als vorher. Ich muß nicht mehr alles haben oder mitmachen oder in den Rahmen passen. Seit ich den Mut habe, meine Gedanken anderen mitzuteilen, bemerke ich, daß mehr Menschen den Weg gehen, den ich suche.«

Vielleicht ist der Wandel des Bewußtseins in unserem Land schon einen Schritt weiter gediehen, als man zu hoffen wagt.

Solche einzelne oder solche Gruppen mit geändertem Bewußtsein, wie sie etwa in der Alternativbewegung auftreten, könnten den Magiern aus dem Osten insofern ähnlich sein, als diese die Zukunft abseits des offiziellen Zentrums Jerusalem gesucht und erkannt haben. Die drei galten den Menschen, die sie sahen, vermutlich als merkwürdige Außenseiter. Matthäus nahm sie ins Evangelium auf. Wer einem Stern folgt, geht nicht auf den breiten Straßen. Es könnte sein, daß wir noch nicht begriffen haben, daß der Weg zu Christus den Mut zur »Alternative« nicht weniger als das Vertrauen zu ihm erfordert.

Licht in einem Stein

Ich suche mir gelegentlich aus einem Bach einen großen, rundgewaschenen Stein heraus und nehme ihn in die Hand. Und ich versuche, durch die harte, geschlossene Oberfläche von Granit oder Sandstein durchzudringen; mir das Licht zu vergegenwärtigen, das im Stein ist. Nicht nur das, das sich auf seiner Oberfläche spiegelt. Das Licht vielmehr, das in seiner Substanz, im Material, ist, strahlende Energie, verborgene Lebendigkeit, warme Bewegung. Wie soll ich ernsthaft davon reden können, Gott sei gegenwärtig auch im Stein, wenn es mir nicht gelingt, in einer so einfachen Meditationsübung durch die Außenfläche der Wirklichkeit zu dringen?

Der Kolosserbrief sagt: Schau dir die Welt an, ihre Tagseite und ihre Nachtseite. Das Schöne und Wunderbare und das Rätselhafte und Schreckliche an ihr. Schlage die Augen auf und nimm wahr, was da ist.

Aber dann schau ein zweites Mal hin: Was du siehst, das ist gleichsam der Leib Gottes. In jedem noch so einfachen Ding wirst du Gott wahrnehmen. In jedem Stein, in jedem Blatt, in jeder Wolke. In jedem Stück auch, das aus der Werkstatt des Menschen kommt. Wo sonst sollte Gott sein?

Und dann schau noch ein drittes Mal hin: Dann wird dir die ganze Schöpfung durchscheinend werden – die Offenbarung sagt: wie ein Kristall –, durchscheinend auf die Wirklichkeit, die darin und dahinter ist: auf das Unsichtbare, sozusagen auf die Seele der Welt. Auf den unsichtbaren Christus. Auf das göttliche Licht. Du brauchst Christus nicht in die Welt zu tragen. Er ist schon in ihr. Nicht die Welt sollst du anbeten, sondern den Christus in ihr, damit du deinen Weg findest: den Weg aus dem Sichtbaren ins Weite, in das Unsichtbare, in Gott hinein.

Leidende Schöpfung

Frage:
Soll ich dieser Erde
Hüter sein?

Wenn wir bisher wußten, daß unser Glaube von uns die Achtsamkeit auf den Menschenbruder verlangt, so können wir heute wissen, daß unsere Achtsamkeit die Erde insgesamt betreffen muß. Gerechtigkeit betraf bisher die Menschen untereinander. Sie wird künftig die Sorge für die Kreatur insgesamt einschließen. Kain konnte noch fragen: Soll ich meines Bruders Hüter sein? Heute fragen wir: Soll ich der Erde Hüter sein? – und wissen doch, daß eben dies und nichts anderes aus unserem Glauben folgt.

Der Karfreitag der Tiere

Die Szene ist dem christlichen Nachdenken und Vergegenwärtigen vertraut: die dunkle Szene jener Nacht des Passafestes in Jerusalem. Ein Garten mit Ölbäumen am Hang des Ölbergs östlich von Jerusalem, aus dem Kidrontal aufsteigend; überall an den Hängen und in den Gärten Festpilger, die mit ihren Familien im Freien nächtigen, unter ihnen in der Nähe einer Ölpresse Jesus Christus mit der Gruppe seiner Jünger.

Ihm steht sein Schicksal vor Augen. Seine Verhaftung ist beschlossene Sache, ein Prozeß ist ein kurzer Vorgang, die Übergabe an die römische Gerichtsbarkeit erfordert wenige Stunden, und das Todesurteil steht so gut wie fest. Das aber heißt: Geißelung; wenn er die überlebt, Kreuzigung nach tausendfach geübtem Muster.

Zunächst sucht Jesus Gemeinschaft bei seinen Jüngern, dann bei den dreien von ihnen, die ihm am nächsten stehen, aber sie sind müde und schlafen ein. Der einzige, den anzureden noch möglich ist, ist Gott selbst, der Vater, der ihm dieses Geschick zumutet und dessen Willen er nicht mehr zu ändern vermag. So fügt er sich in Not und Angst in das Unvermeidliche und sucht es zu bejahen (Markus 14,26–42).

Friedrich von Spee, der Mystiker des 17. Jahrhunderts, hat in der Betrachtung dieser Szene die Verse geschrieben, die beginnen:

»Bei stiller Nacht, zur ersten Wacht,
ein Stimm begann zu klagen ...«

Er beschreibt in dem langen Lied die Verlassenheit des Christus, für den »weder Hilf noch Trost vorhanden« sei. Es endet mit zwei Versen, die wie ein Versuch des Trostes klingen, den der verlassene Christus sich selbst zuspricht:

»Der schöne Mon will untergohn,
Für Leid nit mehr mag scheinen.
Die Sternen lan ihr Glitzern stahn,
Mit mir sie wollen weinen.

Kein Vogel-Sang noch Freuden-Klang
Man höret in den Lüften;
Die wilden Tier traurn auch mit mir
In Steinen und in Klüften.«

Es ist, als schließe sich die Kreatur zusammen zu gemeinsamer Trauer über das Schicksal des Christus, der nicht nur um der Menschen, sondern um der Kreatur insgesamt willen zu leiden habe.

Die so wenig bedachten Stellen der Passionsgeschichte, an denen von der Trauer von Sonne und Erde die Rede ist, kommen uns in den Sinn: »Und die Erde erbebte, die Felsen zerrissen, die Gräber taten sich auf«, so berichtet Matthäus von der Todesstunde Jesu, »und viele Leiber der Heiligen, die da schliefen, gingen aus den Gräbern ...« (Matthäus 27,51.52), und Lukas fügt hinzu: »Es war eine Finsternis über das ganze Land von der sechsten bis an die neunte Stunde, und die Sonne verlor ihren Schein« (Lukas 23,44).

Was wollen die Evangelisten damit? Malen sie um die schreckliche Tatsachengeschichte einer Kreuzigung ein paar übersinnliche Schnörkel? Oder wollen sie mit diesen Bemerkungen, ähnlich wie Friedrich Spee, verhindern, daß wir Menschen uns angesichts der Passion des Sohnes Gottes als allein Betroffene aus dem kosmischen Zusammenhang lösen und allein die Versöhnung zwischen Gott und uns Menschen betrachten?

Ob wir uns die Szene von Gethsemane vorstellen mögen nach den Klageworten Spees oder die Szene von Golgatha nach den Schilderungen der Evangelisten: Dies werden wir klären müssen, ob der erste Glaubensartikel mit der Christusgeschichte etwas zu tun habe, und wenn, was dies sei.

Ein eigentümliches Kunstwerk hat auf dem Evangelischen Kirchentag 1979 für Diskussionen, für Kopfschütteln und Protestnoten gesorgt: ein Kruzifix, bei dem sich auf dem Leib des gekreuzigten Christus ein Pferdekopf befindet. Das ist eine Gotteslästerung! konnte man sagen hören. Kaum jemand unter den Betrachtenden blieb ohne Schock, aber gewiß nur wenige konnten einordnen, was da gemeint war, nämlich dies, daß wir Menschen nicht nur Christus und nicht nur auf tausendfältige Weise Menschen sonst kreuzigen, sondern auch Tiere, und daß dies mit der Passion Christi zu tun habe.

Liegt in dieser Richtung eine Wahrheit, und mir scheint dies heute überdeutlich zu sein, dann ist es Zeit, den ersten Glaubensartikel mit dem zweiten, dem von Christus, enger zu verbinden. »Erlösung« wäre dann ein Wort, das nicht nur mit der Seele des Menschen, sondern auch mit der Schöpfung insgesamt zu tun hätte. Und es wäre, gegen die gängige christliche Überlieferung, davon auszugehen, daß die außermenschliche Schöpfung – wie schon Karl Barth vermutet hat – ihre eigene Heilsgeschichte mit Gott habe.

Konrad Barner, ein mit Umweltpolitik befaßter evangelischer Theologe, schreibt: »Menschen kreuzigen Tiere. Sie quälen sie, zerstückeln sie, räumen sie aus dem Weg, verurteilen ganze Arten zum Tode. Eine Gerichtsszene läßt sich denken wie die vor dem Hohen Rat. Seid ihr die Krone der Schöpfung? Nein, ihr seid nur Tiere; darum ist eine bestialische Behandlung durchaus angemessen. Die Angeklagten schweigen. Sie haben keine Sprache, die ihre Henker verstehen. Sie können nicht sagen, daß Gott sie geschaffen hat, ein jegliches nach seiner Art. Sie können nur das Kreuz tragen. Und abermals verliert die Sonne ihren Schein. Hat Gott seine Schöpfung verlassen?

Tierversuche schreien gen Himmel, viele Millionen jährlich, die meisten auch bei mildem Maßstab unnötig oder sinnlos. Beagle-Hunde zum Beispiel erleiden bei Strahlungsversuchen Verbrennungen, Knochenmarkkrebs und Knochentumoren. Katzen durchtrennt man das Rückenmark, Hunden die Stimmbänder. Affenköpfe erhält man isoliert am Leben. Wer fragt nach den Schmerzen, nach den Todesängsten? Bei der Massentierhaltung in der Landwirtschaft kommt es vor, daß sich Legehennen, auf engstem Raum zusammengepfercht, gegenseitig anfressen; man darf sogar laut Gerichtsbeschluß von einer KZ-Haltung sprechen. Offensichtlich macht es Mühe, noch Worte zu finden, die das Leiden zutreffend beschreiben können. Bei der Waljagd explodieren Sprengladungen im Innern der Säugetiere. Wegen gefragter Farbtönungen werden systematisch verkrüppelte Nerze gezüchtet. Lockvögeln brennt man mit einer glühenden Rasierklinge die Augen aus.

Schauermärchen? Sensationelle Ausnahmen? Nichts weniger als das. Es geht nicht an, die Schuld auf einige wenige abzuwälzen, ihr Treiben als ›tierisch‹ zu bezeichnen, damit der Mensch noch einmal mit weißer Weste davonkommt. Diese Grausamkeit ist nicht ›bestialisch‹ oder ›viehisch‹, sie ist menschlich. Sie umgibt uns. Von ihr leben wir zum Teil. An ihr scheinen wir zugrunde zu gehen. Denn das Leiden der Schöpfung hat ein Ausmaß erreicht, das Golgatha täglich vergegenwärtigt. Man denke nur an die Ölpest, das Bild des ölverschmierten, flügellahmen Vogels mit weit aufgerissenem Schnabel, der geradezu zum Symbol für das von der Technik verursachte Leiden der Kreatur geworden ist. Zwanzigtausend tote Seevögel hat man beim Tankerunglück in der Bretagne gefunden. Und auch das ist nur ein kleiner Ausschnitt aus einem unermeßlich größeren Martyrium. Der Karfreitag der Tiere hat noch lange kein Ende.«

In der Tat. Die Kabel- und Farbenindustrie leitet noch immer PCB, ein in dieser Branche verwendetes Gift, in die Meere. In der Ostsee wurde festgestellt, daß nur noch 20 Prozent der Robben- und Seehundweibchen Junge gebären können. Das Gift, das diese Tiere über die Fische in den Körper bekommen, hat bei ihnen zu Gebärmutterverengungen geführt, so daß die Muttertiere, wenn sie gebären sollen, qualvoll mit den Jungtieren verenden.

Falsch verstandene Stellvertretung

Was bei uns den »Karfreitag der Tiere« bewirkt, ist auch die Tatsache, daß wir unsere eigenen menschlichen Konflikte in Tiere und ihre Schicksale hinüberverlegen. Wer je in Frankreich oder Spanien dem »Fest« beiwohnte, das darin besteht, daß ein schwarzer Stier unter dem Gebrüll der Menschen niedergestochen wird, für den war der Karfreitag beklemmend nahe: jener Tag, an dem der eine, der ein Mensch war, zugrunde ging, während die Spaziergänger sich an seinen Qualen weideten, jener Tag, der nicht aus feierlichen Reden und Gesängen bestand, sondern aus Schmutz, Elend, Gemeinheit, Haß, Qual und Tod.

Ich werde jenen Ostersonntag in Arles nicht vergessen, an dem einer nach dem anderen von den herrlichen schwarzen Stieren der Camargue aus dem Gatter in das große Oval trat: nichts Böses ahnend, ein wenig ängstlich ob all des Ungewohnten. Niemand erklärte ihm, es gehe hier um einen Kampf. Niemand sagte ihm, was er tun solle. Niemand sagte ihm, die Menschen, die da in ihren bunten Kleidern warteten, seien seine Todfeinde. Erst die Qual der Speere, deren Haken sich in seinem Fleisch festhängten, machte ihm klar, daß es hier um Feindschaft ging. Aber der Sinn des Ganzen war den Zuschauern und den Tätern so verborgen wie dem Stier.

Als vor kurzem der berühmte Stier Antioquio in der Arena zwei Toreros auf die Hörner genommen und getötet hatte und, noch naß von Menschenblut, durch den gelben Sand der Arena raste, sprang das Publikum von den Steinbänken, und zehntausend Menschen schrien: »Mörder! Mörder!« Die Szene war von einer phantastischen Absurdität.

Aber was war denn – im Ursprung – der Sinn der Stierkämpfe? In der Arena von Arles und in anderen, die heute Stierkämpfe sehen, wurden in römischer Zeit die Stieropfer des Mithraskults vollzogen, und der Stier war der dunkle Repräsentant der unteren, der gefährlichen, der widergöttlichen Welt. Der Lichtgott Mithras – der silbern oder golden betreßte Matador ist sein Platzhalter bis zum heutigen Tag –

besiegt die Finsternis. Der Stier ist tot. Jubel braust auf.

Es war Ostern, als ich da saß. Ein Ostern ungeheuerlicher Mißverständnisse.

Der Mithraskult sah im schwarzen Stier den Stellvertreter des Menschen, sofern der Mensch selbst am Abgründigen, am Bösen teil hat, und stellvertretend für den dunklen Anteil des Menschen starb der Stier, der Mensch aber war neugeboren zu einem Sohn des Lichts.

Der Karfreitag der Tiere ist keine Phantasie, er ist tief begründet in den uralten Ritualen der Religionsgeschichte, und wer heute den befreiten Aufschrei der Zehntausende im großen Rund einer Stierkampfarena hört, der sich erhebt, wenn der Stier tot ist und von Pferden an einem Metzgerhaken über den Sand hinausgeschleppt wird, eine Blutspur hinter sich herziehend, der merkt, daß der Karfreitag der Tiere durchaus inszeniert ist, inszeniert von einem barbarischen Instinkt, den wir heutigen Menschen auf keine Weise überwunden haben. Das millionenfache Leiden der Kreatur in der technischen Welt von heute ist Beweis genug.

In diesen Zusammenhang gehört das uralte Ritual des Tieropfers, das in nahezu allen Religionen, die christliche ausgenommen, seine Tradition hat.

Im Alten Testament, in 1. Mose 22, wird erzählt, Gott habe Abraham befohlen: Nimm deinen Sohn Isaak, geh in das Land Morija und opfere ihn dort als Brandopfer auf einem Berg, den ich dir zeigen werde. Nach einer alten Überlieferung soll der Berg Morija, der der höchste Punkt des alten Jerusalem war, jene Opferstätte getragen haben, von der Gott zu Abraham spricht. In der Tat finden wir in dem Felsen, um den der Felsendom in Jerusalem gebaut ist, eine uralte heilige Stätte, vielleicht die älteste überhaupt, die heute noch als heilig gilt. Hier standen, wohl etwas westlich des Felsens, der Tempel Salomos und der Tempel des Herodes. Es ist nicht nur fromme Überlieferung, sondern durchaus möglich, daß der Erzähler, der die Geschichte Abrahams schrieb, diese Opferstätte im Auge hatte.

Unter der herrlichen Kuppel des Felsendomes, die im 7. Jahrhundert von den Moslems errichtet wurde, liegt der heilige Fels. Er trägt Spuren einer langen kultischen Geschichte. Stufen führen auf ihn hinauf, Rinnen und flächige Vertiefungen sind eingehauen, vor allem aber sehen wir an einer Stelle nahe seinem Rand ein rundes Loch von ca. 60 cm Durchmesser, durch das der Blick hinabfällt in eine Grotte.

Niemand hat ein genaues Bild von dem Kult, der hier viele Jahrtausende vor Christus, Jahrtausende auch vor Abraham gefeiert worden sein muß. Vielleicht wurden hier Menschenopfer dargebracht. Vielleicht floß das Blut der Opfer durch die runde Öffnung in die Erde. Dann aber wurde hier vermutlich eine Erdgottheit verehrt, am ehesten eine der vielen Varianten der Großen Mutter. Man brachte ihr dann hier blutige Opfer dar, und wahrscheinlich hat die Geschichte von Abraham und Isaak hier ihren religionsgeschichtlichen Sinn.

Sie bedeutet dann nämlich folgendes : Geh zum Berg Morija. Dort ist jener Menschenopferkult, den du kennst. Geh hin und tu, was man dort tut: Opfere deinen Sohn! Als aber Abraham sich anschickt, den Sohn zu opfern, ruft Gott ihn an: Lege deine Hand nicht an den Knaben. Laß ihn leben! Und Abraham sieht einen Widder im Gebüsch, holt ihn und opfert ihn statt seines Sohnes.

Der Sinn dieser Geschichte ist ursprünglich

nicht, wie er später in der alttestamentlichen Überlieferung gedeutet wurde, das Problem, ob der Glaube Abrahams tragfähig genug sei, auch diesen Gehorsam zu leisten, sondern der, daß Gott selbst seinem Diener Abraham gegenüber ausspricht, er wolle, daß das Menschenopfer beendet und statt des Menschen von nun an das Tier geopfert würde.

Von dort und von unzähligen anderen Punkten der Menschheitsgeschichte aus aber zieht sich eine breite Blutspur von Tieropfern durch die gesamte Religionsgeschichte, jene Blutspur, die nötig schien, um die Menschen mit ihren Göttern zu versöhnen. Besser sei es, daß ein Tier stirbt als ein Mensch, gilt seitdem als selbstverständliche Regel.

Wenn aber das Neue Testament den Tod Christi, des »Lammes Gottes«, als den Endpunkt des Tieropfers markiert, als den Punkt, an dem alle rituelle Stellvertretung in der einen Stellvertretung eines Menschen endet, dann endet damit auch das Recht zu dem naiv und exzessiv ausgenutzten Anspruch, das Tier anstelle von Menschen beliebig sterben zu lassen.

Die säkularisierte Form dieser Opfer ist heute der Tierversuch im Labor, der unter anderem dazu dienen soll, Risiken, die dem Menschen aus neuentwickelten medizinischen Verfahren drohen, auf Tiere zu übertragen, oder Tieren zuzumuten, sich als Umweltindikatoren für uns zu opfern.

Man wirft im aufgeklärten Abendland den Indern vor, sie hielten ihre heiligen Kühe am Leben, während sie selbst verhungerten. Mir scheint, das Abendland habe noch einen weiten Weg, aus seinen Gedankenlosigkeiten herauszukommen und die – wiederum – für uns so schwer verständliche Unantastbarkeit »heiliger Tiere« in eine differenziertere Vorstellung von der Schöpfung Gottes einzuordnen.

Don Juan, ein mexikanischer Indianer, lebte eine Zeitlang mit dem amerikanischen Anthropologen Castaneda zusammen, weil der Amerikaner die indianische Lebensweise und Frömmigkeit kennenlernen wollte. Eines Tages fingen sie in ihrer Falle fünf Wachteln. Da sagte Don Juan: Eine für dich. Eine für mich. Und ließ die drei übrigen frei.

Wir leben, weil andere Wesen für uns sterben. Das ist natürlich. Das ist der Schöpfung eingestiftet. Aber es macht uns zugleich schuldig, und ein differenzierteres Gewissen wird nach Wegen suchen, diese Tötung von Tieren, die das Überleben einer hungernden Menschheit ohnedies nicht gewährleisten kann, auf ein Minimum zu reduzieren.

In der arroganten Sicht der Europäer waren die Inkas in Peru, die Azteken in Mexiko oder die Schwarzen in Afrika nicht viel mehr als Tiere. Die Geringschätzung aber, die den Tieren widerfuhr, traf so auch den Menschen. Die Folgen dieser Einschätzung in der Zeit des Kolonialismus liegt heute im Elend der Völker der Dritten Welt vor Augen.

Wer meint, Tiere beliebig ausrotten zu dürfen, wird jederzeit in Gefahr stehen, Menschen oder Menschengruppen in dem heimlichen Wunsch, sie auszurotten, zu Tieren zu erklären. Daß man im Dritten Reich von Juden als »Ungeziefer« sprach, fand keineswegs den Widerspruch auch nur einer größeren Anzahl von Christen oder gar Kirchenführern. Daß ein christlicher Politiker in den sechziger Jahren von protestierenden Studenten als von Tieren sprach und im Jahr 1980 von Journalisten als »Ratten und Schmeißfliegen«, das ließ und läßt sich nach verbreiteter Auffassung in Westdeutschland mit »christlicher Politik« mühelos verbinden.

Der christliche Glaube hat viel, das früheren Stufen menschlicher Religiosität heilig war, hinter sich gelassen. In vorbiblischen Zeiten war sich ein Mensch, der den Acker mit dem Pflug aufriß, bewußt, daß er seine Mutter verletzte, und es bedurfte gleichsam entschuldigender Rituale, daß die Mutter ihn seinen Eingriff nicht entgelten ließ. Ein Mensch, der einen Baum fällte, bat die im Baum lebende Gottheit um Verzeihung, und ich habe es noch selbst erlebt, wie bei der Einweihung eines neuen Autobahnstücks in Syrien an der Stelle, an der das neue Stück endete, zehn Hämmel geschlachtet wurden zur Versöhnung der Erde für den gewalttätigen Eingriff des Menschen. Als ich im Jahre 1980 auf dem Arbel stand, einem Berg nahe dem See Genezareth, da lag auf einem uralten Opferstein ein wenige Stunden zuvor geopfertes Schaf. Das Blut stand noch in dem kleinen Becken, das zu seiner Aufnahme seit alters bestimmt ist. Hat da einer ein Haus gekauft oder eine Tochter verheiratet, und sollte das Tier durch seinen Tod Unheil abwenden? Ich weiß es nicht.

Umgekehrt sind wir bis heute stolz auf den christlichen Missionar Bonifazius, von dem die Legende erzählt, er habe zum Beweis der Wahrheit seiner christlichen Botschaft die heilige Eiche im germanischen Wald gefällt und damit den Aberglauben der Ureinwohner widerlegt. Ganz abgesehen davon, daß auch der Gott der Christen nicht einzugreifen pflegt, wenn einer heute ein Feldkreuz mit dem Bagger umlegt, scheint uns hier der Anfang jener Art Aufklärung zu liegen, die sich in ihrer Rechthaberei, Gewalttätigkeit und religiösen Kurzschlüssigkeit so verhängnisvoll auswirkte. Der Mensch, der an der Stelle Gottes, der sich offenkundig nicht selbst helfen kann, steht und dabei seine eigene Allmacht aufrichtet, ist auch der Mensch, dessen schreckliches Zerstörungswerk sich heute auswirkt.

Die Bibel sagt nicht: Die Welt ist leer von Gott. Sie sagt vielmehr: Derselbe behutsame, dankbare, bittende Umgang mit der Schöpfung, der zuvor den Baum- und Quellgöttern oder der Erdmutter gegenüber notwendig war, ist nun dem Herrn, dem Schöpfer gegenüber geboten. Gott, der Herr, ist im Geschöpf anwesend, und das Bewußtsein einer tragischen Verstrickung in vielerlei Schuld an der Kreatur ist Zeichen eines humaneren Umgangs mit ihr als der christliche oder unchristliche Besitzanspruch, der das Recht zum Auslöschen, zum Töten, Verletzen und Leidzufügen naiv in Anspruch nimmt.

Liegt hier ein Aspekt des christlichen Glaubens an die Rechtfertigung des ungerechten, des unreinen Menschen vor, dann wird es sich nahelegen, noch einmal auf das zurückzukommen, was zum Gewissen gesagt wurde:

Der Christ wird sein Gewissen erleiden, und er wird unter der Last leiden, die er anderen und sich selbst ist im Zusammenhang all dessen, was er ist oder denkt, will oder tut. Und er wird seine Freiheit übernehmen mit allen Aufgaben und Verantwortungen, die ihm vor der Hand liegen. Mit der Klarheit, die ihm sein leidendes Gewissen verschafft hat. Mit der Kraft, die im Trost der Liebe Gottes liegt. Mit der Unabhängigkeit, die dem Liebenden eignet, der die Wirklichkeit sieht und annimmt und zu seinem Teil verantwortet.

Und dieses dankbare, gewissenhafte Handeln wird den Willen zur Selbstbeschränkung einschließen, den Mut zu neuen Gedanken und zum freien Gebrauch schöpferischer Phantasie, und endlich die Bereitschaft, umzukehren, wenn deutlich ist, daß bei allem guten Willen und Versuchen der begangene Weg in eine Sackgasse oder in neue, unangemessene Verschuldung führt.

Bedürfnisse und Ansprüche

Aber es scheint, als seien wir heutigen Menschen für ein Handeln aus dem Glauben, für ein freies, unabhängiges Entscheiden so schlecht disponiert wie noch keine Generation vor uns. Die Tatsache, daß das Maß unseres Selbstbewußtseins so gründlich durcheinandergeraten ist, hat auch schwerwiegende Irrtümer in unserer Lebensführung und Lebenserwartung ausgelöst. Einer davon betrifft die Verwechslung oder Vermischung von Bedürfnissen und Ansprüchen.

Wir haben als Menschen dieser Erde Bedürfnisse. Wir wollen schlafen, wenn wir müde sind. Wir wollen essen, wenn wir Hunger haben. Wir wollen uns bewegen, wir wollen uns ausdrücken, wir wollen geliebt sein. Das ist alles richtig und natürlich.

Aber nun haben wir gelernt – täglich redet man es uns ein –, daß wir auch Ansprüche anzumelden hätten: das Recht auf Glück und das Recht auf Versorgung. Man sagt uns: Du kannst noch feiner essen. Du kannst dich noch raffinierter kleiden. Du kannst noch weiter reisen. Du hast einen noch größeren Anteil an Gütern zu beanspruchen, an Freizeit, an Sicherheit, an Gewinn und Besitz, an Schutz deiner Interessen. Du hast ein Anrecht, mit deinem Wagen 250 km schnell zu fahren, wenn du es willst. Ein Schuft, wer es dir verbietet! Es gibt nur deinen Anspruch auf unbegrenzte Freiheit und lückenlose Versorgung. Du hast Anspruch nicht nur aufs Essen, sondern auch darauf, daß dir einer den Löffel in den Mund steckt. Und weil du auf alles Anspruch hast, brauchst du dich auch bei niemand zu bedanken.

Der Unterschied aber zwischen Bedürfnissen und Ansprüchen ist der, daß Bedürfnisse gestillt werden können, Ansprüche nicht. Wenn einer gegessen hat, ist er satt. Wenn er genug geschlafen hat, ist er wach. Wenn er genug Bewegung hatte, ist er müde. Ansprüche aber sind grenzenlos. Die Ansprüche wachsen und wachsen in dem Maß, in dem sie erfüllt werden, und das Ende ist, wenn ein Anspruch nicht mehr erfüllt wird, die Unzufriedenheit. Je stärker einer von Ansprüchen besetzt ist, desto undankbarer wird er sein.

Nun unterscheiden sich die Bedürfnisse von den Ansprüchen auch darin, daß Bedürfnisse durch das Abwägen und Entscheiden eines erwachsenen Menschen verlagert werden können, Ansprüche aber, da sie von einem kindisch gebliebenen Menschen erhoben werden, wie Befehlshaber auftreten.

Der Mensch, sofern er auf dem Weg zum Erwachsenen ist, kann seine Bedürfnisse zeitlich strekken. Er kann sagen: Ich bin müde, aber ich arbeite noch ein Stück weiter. Ich bin hungrig, aber das halte ich noch ein paar Stunden aus. Er kann warten. Er kann zeitweise verzichten. Er kann vieles, was zum Leben notwendig ist, auf eine längere Zeit aussetzen.

Es gehört so auch zum Dasein eines erwachsenen Menschen, daß er leben und zufrieden, vielleicht sogar glücklich sein kann, wenn seine Bedürfnisse nur zum Teil erfüllt werden. Er kann lange Zeit über seine Kräfte leben und braucht dabei keineswegs zugrunde zu gehen. Er braucht nicht die vollkommene Liebe und Zuwendung, ihm genügt unter Umständen schon ein gelegentliches Zeichen von Güte, ein einzelnes, liebendes Wort.

Wenn frühere Generationen, denen nicht so regelmäßig und übermäßig der Mund gefüllt wurde wie uns, zu allem natürlichen Entbehren hinzu noch Übungen im Fasten ableisteten, dann lag darin mehr

Weisheit als im Versorgungsdenken unserer anspruchsvollen Zeit.

Im Grunde ist es ein gesundes menschliches Bedürfnis, wenn ein Kind danach verlangt, sich von der Versorgung durch die Eltern abzulösen. Jedes gesunde Kind hat Freude an zunehmender Selbständigkeit. Warum ist bei uns modernen Menschen dieses Bedürfnis so spurlos untergegangen? Ist nicht die Unabhängigkeit von der steten pünktlichen Bedienung der Bedürfnisse der Anfang der Freiheit? Wenn die Psychologie heute davon spricht, der moderne sei der infantile Mensch, so fügt die Theologie hinzu, der moderne Mensch sei aus demselben Grunde der zur Umkehr unfähige.

Was heute ethisch notwendig wäre, ist so unbequem, daß es auch einem erwachsenen Menschen schwerfiele: Disziplin, Fasten, sich anstrengen, Risiken übernehmen, den Radius verkleinern, sich weniger souverän gebärden. Es gibt aber Grund genug, angesichts der nun einmal gezüchteten Ansprüche die Hoffnung aufzugeben, die Menschheit der sogenannten Ersten Welt werde ihr Verhalten, so gradlinig immer es den Untergang programmieren mag, eines Tages ändern können.

Martin Schrenk, ein Psychosomatiker, äußert sich über den Zustand des heutigen Menschen so:

»Der Mensch hat seinen Mund zum Sprechen, zum Wort- und Antwortgeben. Das macht ihn mündig. Wir haben unseren Mund zwar auch zum Essen, und ohne die Nahrung des Leibes gehen wir ein. Das Baby hat es noch schöner. Es darf mit seinem Mund immerzu nur essen und lutschen und an einem prallen Busen Wonne nuckeln. Das ist seine Seligkeit. Das ist aber auch seine Unmündigkeit. Eine Gesellschaft, die nur haben, haben, haben will, nur hineinstopfen, verbrauchen und dann schnell wieder wegwerfen, schnell wieder hinter sich lassen, – eine solche Mampf-Mampf- und Wegwerfgesellschaft ist eine unmündige Gesellschaft, eine Gesellschaft, die verwöhnterweise, frustrierterweise und neurotischerweise in tiefe Infantilität regrediert ist ... Hinter uns und unter uns fängt aber eine Welt, die unsere Lebenswelt sein sollte, an zu stinken. Kot und Gift von Basel bis Rotterdam und in allen Ferienparadiesen des Mittelmeers. Die Luft, die wir atmen, macht uns krank. Der Boden, von dem unsere glücklichen Kühe Gras fressen und auf dem unsere Kinder spielen, ist voll von Blei und von Stoffen, die man zynisch Entlaubungsmittel nennt. Bald werden wir auch mit der Kernenergie an dem Punkt angelangt sein, wo der Zauberlehrling nur noch flennen kann: ›Herr, die Not ist groß!‹ Aber es wird dann kein Meister kommen, der die schlimmen Geister in ihre Ekke zurückweist.«

Wo läge ein Rest Hoffnung? Vielleicht darin, daß wir modernen Fürsorgeempfänger wieder lernten, für uns selbst verantwortlich zu sein? Vielleicht darin, daß wir selbst der steten Ammendienste unserer Gesellschaft überdrüssig würden? Vielleicht, daß wir selbst uns entschließen, nicht immerfort zu warten, bis uns irgendwer über unsere Schwierigkeiten hinwegträgt, bis jemand uns tröstet, uns umhegt und uns täglich fünfmal erklärt: Ja doch! Ganz sicher! Ich liebe dich! Vielleicht fänden wir doch auch Freude daran, nach Stillung unserer Bedürfnisse – Liebe, Hunger, Durst, Schlaf, Bewegung, Arbeit, Reden, Singen, Spielen, Träumen – uns für unsere Umgebung zu interessieren?

Denn die Frage ist doch die: Warum, da wir doch die Katastrophe kommen sehen, tun wir nichts für die Zukunft? Und die Antwort: Weil wir wie die Kleinkinder in der Atmosphäre dumpfer Verwöhnung auf unsere Ansprüche festgelegt werden. Wie lernen wir etwas wünschen, etwas wollen, etwas lieben, das nicht wir selbst sind? Und die Frage an alle Verantwortlichen wäre die: Wie bringt ihr die Energien, die doch in den Menschen sind, von den Ansprüchen weg zu den Aufgaben? Und das heißt wiederum: Wie könnt ihr den Menschen, statt ihnen den Lutscher steter Sicherheit in den Mund zu stecken, Mut machen, zu leben? Wie könnt ihr die Suche nach dem wirklichen Glück in das Bild, das heutige Menschen von ihrem Leben entwerfen, einzeichnen?

Wäre ein Anfang unter Christen nicht damit zu machen, daß wir die Passion Christi in den Lebensentwurf und die Lebenserwartung unserer Zeitgenossen wieder einfügten? Was sich in unserem Land christliche Politik nennt, hat zwar von Macht, Sicherheit, Ordnung und Stabilität viel gewußt, aber den Weg Christi kaum je in seine Überlegung einbezogen.

Denn das ist von jeher und in jeder Zukunft das Merkmal von Christen: daß sie unter dem Kreuz anzutreffen sind und nicht auf den Straßen kurzatmigen Erfolgs, daß sie die Nöte und Schmerzen der Welt aufs Herz nehmen und daß sie sich alle Auswege, Ausflüchte, Verdrängungen und alle Formen der Vergeßlichkeit verbieten.

Den Karfreitag begehen heißt das Leben in den Tod begleiten und dabei die Erfahrung des Lebens machen, aus der Erfahrung des Lebens aber neue Maßstäbe gewinnen für eine dem Tod verfallene Menschheit. Den Karfreitag begehen heißt vor allem auch, der massiven und allgemeinen Verdrängung des Todes, auf die unsere ganze Lebensweise festgelegt ist, widerstehen. Wer den Tod verdrängt, muß das Leben ausbeuten. Die Verdrängung des Todes macht den Tod tödlich.

Nachdenken über das Recht

Der Glaube an Gott, den Schöpfer, kann nicht aufrechterhalten werden, wenn er nicht Korrekturen an unserer Rechtsordnung nach sich zieht.

Das geltende Recht ist für Christen nichts Unantastbares. Wir sind uns bewußt, daß Jesus nach geltendem Recht verurteilt wurde, und unser Glaubensbekenntnis enthält immerhin den Satz, daß er unter dem Verwalter des Rechts, Pontius Pilatus, gelitten habe. Wir wissen, und zwar nicht nur aufgrund des Prozesses Jesu, sondern aufgrund einer erdrükkenden Last von Erfahrung, daß geltendes Recht schreiendes Unrecht sein und verursachen kann. Wir werden daher das Recht, das in unserem Land gilt, immer wieder kritisch befragen auf das Leid hin, das es möglicherweise verursacht.

Wir sind gewöhnt, die Gewalttat eines einzelnen gegen einen anderen oder die Gesellschaft ein Verbrechen zu nennen. Manche Gewalttat von anonymen Gruppen, Institutionen, Firmen, Körperschaften gegen das ganze Leben einer unbestimmten Zahl anderer trägt den Namen des Verbrechens nicht. Wir werden neu klären müssen, was ein Verbrechen ist. Sind denn das die eigentlichen Verbrecher, die wir normalerweise so nennen?

Wir sagen: Ein Mensch, der einen Kassenschrank aufbricht, ist ein Verbrecher. Sagen wir dasselbe von einem anderen Menschen, der mit einem schrottreifen Tanker die Weltmeere befährt? Wir nennen einen Scheckfälscher einen Verbrecher. Nennen wir einen anderen, der einen Fluß in eine giftige Brühe verwandelt, ebenso? Nennen wir die Medikamentenmafia bei ihrem wahren Namen, die Kälber zwecks schnelleren Wachstums mit Östrogenen füllt und dabei in Kauf nimmt, daß potientiell Mißbildungen auslösende Substanzen in Babynahrung gelangen? Nennen wir sie mit denselben Namen der Kriminalsprache wie die anderen, die auf irgendeine andere Weise aus niedrigen Motiven Leib und Leben von Menschen gefährden? Was sind Ladendiebe doch für kleine Leute! Natürlich wird man sie bestrafen. Aber wie gering ist, was sie verschulden, gegen einen Industriebetrieb, der sein Gift waggonweise unter dem grünen Rasen verscharrt! Schrecklich, wenn ein Mensch einen anderen Menschen totschlägt! Aber wie viel schrecklicher, wenn unsere heutige Industriegesellschaft zu verantworten hat, daß Hunderte von Generationen unserer Nachkommen mit der lebensgefährlichen Verwahrung unseres radioaktiven Abfalls belastet werden!

Ein Pharmakonzern verschuldet es, daß zweitausendzweihundert behinderte Kinder zur Welt kommen. In jahrelangen Prozessen läßt er sich eine magere »Entschädigung« mühsam abringen. Und kaum jemand schreit auf.

Ein anderer bemerkt, daß aus seinem Schlot Giftgas austritt. Er stellt sich zunächst, als merke er nichts. Wenn das Unglück offenbar ist, ist es an Tausenden von Menschen nicht mehr wiedergutzumachen. Am Ende trifft ihn eine Geldstrafe.

Brauchen wir nicht, so wie die Dinge liegen, einen völlig neuen Katalog dessen, was wir ein »Verbrechen« nennen? Und brauchen wir nicht eine neue Art von Gemeinschaft unter den Christen? Müßten wir nicht diejenigen, die am gefährlichsten in der Nähe des anonymen Verbrechens leben, stärker in unsere Gemeinschaft einbeziehen als wir das tun, in eine Gemeinschaft nachdenklicher und verantwortlicher Menschen? Die Chemiker und Biologen und Biochemiker, die Physiker, die Meteorologen und die Kerntechniker, die Leute von der Pharmaindustrie oder die Verkehrs- und Städteplaner, die Industriellen und die Politiker?

Wer heute technisch und wissenschaftlich arbeitet, braucht ein sensibleres Gewissen als früher, und er braucht nachdenklichere Gesprächspartner. Mit ein paar christlichen Grundsätzen ist da nicht durchzukommen. Er muß mehr können als seine Firma von ihm verlangt. Er muß in der Lage sein, sich zu fragen, wie lange er sich beteiligen will und von welchem Punkt an er sich schuldig macht.

Umgekehrt werden bei uns noch immer Menschen wie Verbrecher behandelt, die in Bürgerinitiativen sich verzweifelt bemühen, Unheil von sich und anderen abzuwenden, indem sie beispielsweise den Bau von Atomreaktoren zu verhindern suchen. Sie brauchen heute die Hilfe der Christen. Denn geltende Gesetze sind nicht ohne weiteres identisch mit dem Recht des Bürgers auf Unversehrtheit und erst recht nicht mit dem Recht auch anderer Lebewesen auf ihren Lebensraum in einer technischen Zivilisation.

Es ist nicht meine Sache, die Probleme auszubreiten, die auf Gesetzgebung und Rechtsprechung zukommen werden. Dazu gibt es Berufenere. Aber es gibt einige Gesichtspunkte, die in die Diskussion eingebracht werden müssen.

Zum Beispiel den Gesichtspunkt, daß wir als »Grundwerte« künftig nicht mehr die Freiheit des Menschen allein oder die Gerechtigkeit zwischen den Menschen allein werden auf unsere Fahnen schreiben können. Der leitende Grundwert wird künftig die Lebensfähigkeit dieser Erde und das Überleben von Menschen und Gesellschaften in ihrem Lebenszusammenhang sein.

Ich rede nicht, um Angst zu machen. Angst ist ein schlechter Ratgeber. Aber sie ist ein unentbehrliches Instrument, das vor Gefahren warnt. Angst ist eine Art Antenne. Eine Antenne erfindet keinen Sender, sie nimmt ihn auf, und sie teilt um so deutlichere Signale mit, je weiter wir sie ausfahren.

Es wäre gut, wir hätten mehr Angst vor dem, was wir tun. Es wäre gut, uns faßte frühzeitig das Grauen vor dem, was wir anrichten. Es wäre gut, wir mißtrauten schneller unseren Ausreden oder den Ausreden anderer Leute. Und es wäre gut, wir fänden neue Maßstäbe für das, was wir gut und böse, gerecht und kriminell nennen.

Denn wenn wir bisher wußten, daß unser Glaube von uns die Achtsamkeit auf den Menschenbruder verlangt, so können wir wissen, daß unsere Achtsamkeit heute die Erde insgesamt betreffen muß. Gerechtigkeit betraf bisher die Menschen untereinander. Sie wird künftig die Sorge für die Kreatur insgesamt einschließen. Kain konnte noch fragen: Soll ich meines Bruders Hüter sein? Heute fragen wir: Soll ich dieser Erde Hüter sein? – und wissen doch, daß eben dies und nichts anderes aus unserem Glauben folgt.

Die Schöpfungsgeschichte erzählt, die erste Handlung des eben von Gott geschaffenen Menschen in seinem Garten sei die gewesen, daß er den Tieren Namen gab. Wer bedenkt, was der Name für den archaischen Menschen bedeutet, wird in dieser kurzen Notiz eine Beschreibung des Verhältnisses sehen, in dem nach der Meinung und Absicht des Schöpfers der Mensch zur außermenschlichen Kreatur zu stehen habe.

Wenn Adam dem Tier, das er vor sich sieht, seinen Namen gibt, drückt er zwar eine Überlegenheit aus, die ihm nach dem Willen Gottes zukommt, aber er erkennt zugleich an, daß da ein Wesen ist, das ihm unabhängig gegenübersteht. Er erkennt die Andersartigkeit seines Gegenübers an, seine Fremdheit, und er versucht, zu diesem fremden, eigenen Gegenüber eine Beziehung aufzunehmen. Er »benennt« es, er spricht ihm einen Namen zu, und das Tier hört seinen Namen. Er schafft eine Beziehung, die im bloßen animalischen Nebeneinander nicht gegeben ist. Und er gesteht eben damit dem Tier ein Eigenleben zu, das sein Recht hat, auch wenn es von Adam entfernt und ohne sein Zutun nach seinem eigenen Gesetz lebt, wenn es die Bewegungsfreiheit oder den Lebensraum Adams begrenzt. Und das Bemerkenswerte an dieser Namensgebung ist, daß sie offenbar ganz gelassen, ganz entspannt, ohne Furcht und ohne Anspruch stattfindet.

Damit bejaht Adam nicht nur die Eigenart und das Eigenrecht des Tieres, er anerkennt auch den Schöpfer, und ohne Respekt vor dem Tier, das seinen eigenen Namen hat, wäre sein Bekenntnis zum Schöpfer leer und sinnlos. Denn die Entgötterung von Steinen, Pflanzen und Tieren entsprang nicht tieferer Erkenntnis ihres Wesens oder gar tieferer Erkenntnis der Gegenwart Gottes, sondern dem Wunsch, das Eigenrecht des anderen, des Steins, der Pflanze, des Tieres, auszulöschen und die Allmacht des Menschen aufzurichten.

Indem der Mensch, Adam, im Garten den Tieren ihren je eigenen Namen gab, trat an die Stelle bloßer

Herrschaft jene andere Überlegenheit, die Respekt einschließt, das Gespräch mit dem Gegenüber war eine Art Werbung um seine Antwort, um seine Freundschaft vielleicht noch nicht, aber um seine Partnerschaft. Es liegt etwas Höfliches darin, eine Art freundliches, von beiden Seiten bejahtes Ritual. Indem Adam, der Mensch, in gelassener Ruhe seiner selbst gewiß ist, gibt er dem anderen Wesen sein Recht, sein Leben und seinen Lebensraum. Er beginnt, seinen Auftrag zu erfüllen, der da lautet, den Garten Gottes »zu bauen und zu bewahren«.

Ein Baum und sein Schicksal

Manchmal, wenn ich einen eben gefällten Baum liegen sehe, betrachte ich die Ringe seiner Jahre. Die großen und die kleinen Abstände, die trockenen und die nassen Zeiten, die Störungen in der Kreisform, die Verletzungen, die Verwachsungen. Es ist das Schicksal eines Baumes, das ich sehe.

Aber ich mache den Baum dabei nicht zum Gleichnis des Menschen allein. Ich respektiere ihn und sein Schicksal. Seine Eigenheit und sein mir unbekanntes Wesen. Und vielleicht übe ich dabei ein, was ich sonst nur mit Worten sage: Ich glaube an Gott, den Schöpfer, den Schöpfer auch dieses Baumes.

Es ist nur ein wenig gesammeltes Nachdenken nötig, um dies Einfache zu betrachten, aber vielleicht geschehen doch an die Wurzel gehende Veränderungen an uns, indem wir so uns einlassen auf das Schicksal der Kreatur.

Auferstehung

Frage:
Was kann aus uns werden?

Der christliche Glaube hat zwei Vorstellungen von der Zukunft, die wie Gegensätze wirken und doch in Gottes Augen vereinbar sein müssen.

Wir stellen uns auf der einen Seite vor, daß wir vor dem Ende der Erde stehen und in unserem gegenwärtigen Zustand in die Ewigkeit eingehen werden. Wir stellen uns auf der anderen Seite vor, der Mensch sei durchaus nicht an seinem geschichtlichen Ziel, er habe noch einen Weg vor sich, auf dem ihm immer mehr von der Freiheit der Kinder Gottes zuwachsen werde.

Was ist unsere Zukunft: apokalyptisches Ende und jenseitiger Neubeginn oder das verborgene Geschehen einer fortdauernden Schöpfung? Ist der heutige Mensch schon weiter gediehen als bis zum Zwischenglied zwischen dem Tier und dem Gottessohn, der er werden soll? Und ist der sechste Schöpfungstag, an dem Gott den Menschen schuf, zu Ende – oder dauert er an, auch in eine noch kaum vorstellbare Zukunft hinein?

Ostern ist eine Schöpfungsgeschichte

Es war im ersten frühen Morgenlicht am Galiläischen Meer. Die schrecklichen Tage von Jerusalem waren vorüber. Sieben aus dem Kreis der Freunde des toten Jesus waren zurückgekehrt in ihre Heimat, ratlos einerseits, was denn nun werden sollte, aufgewühlt andererseits von den Zeichen, die ihnen Jesus von jenseits des Grabes gegeben hatte.

Aus dem Tageslicht des Karfreitag hatten sie sich in ihr Versteck geflüchtet. Den Ostersonntag hatten sie wie im Traum erlebt. Und nun suchten sie nach der Realität des Lebens, das sie vorher geführt hatten, des Lebens von Fischern am See. Simon Petrus verließ die Sechs: »Ich will fischen gehen.« Und die Sechs folgten ihm nach: »Wir auch.« Es war Abend. Sie machten das Schiff los und fuhren, wie sie gewohnt waren, ihre Runden und legten die Netze aus. Aber die Netze blieben leer.

»Am Morgen, im ersten Licht, stand die Gestalt eines Mannes am Ufer, von dem sie nicht wußten, wer er war. Der fragte: Kinder, habt ihr nichts zu essen? Nein, war die Antwort vom Schiff her. Er fuhr fort: Werft das Netz auf die andere Seite! Sie taten es und konnten es vor der Menge der Fische nicht mehr ziehen. Da fuhr Johannes herum und raunte dem Petrus zu: Es ist der Herr! Simon Petrus hörte es, schlug den Rock um sich, denn er war nackt, und sprang ins Meer, um zum Ufer zu schwimmen. Die anderen kamen mit dem Schiff und zogen das Netz mit den Fischen heraus. Als sie ans Land traten, sahen sie ein Kohlenfeuer, auf dem Fische und Brot lagen, und Jesus lud sie ein: Kommt! Haltet das Mahl! Keiner aber wagte, ihn zu fragen: Wer bist du? Denn sie wußten, daß es der Herr war.

Aber Jesus trat auf sie zu, nahm das Brot und die Fische und gab sie ihnen.«
(Johannes 21, 1–13)

Wir erinnern uns: Unter dem nächtlichen Himmel stand der Kreis der Feiernden und sprach den Psalm von der Größe des Menschen. Auf dem nächtlichen Meer tobte der Sturm, und Jona versank im Meer und im Rachen des Ungeheuers. Auf den Feldern um Bethlehem saßen die Schafhirten und erlebten die Erscheinung der Engel in der Dunkelheit. Unter dem Stern wanderten die drei Magier dem Kind entgegen, und Jesus klagte in der Nacht von Gethsemane.

Nun wird es zum ersten Mal Tag in der Reihe unserer Geschichten. Es ist das erste Leuchten des Morgens über den Bergen, unter denen sich das Licht im Wasser spiegelt, wenn alles noch kaum wirklich sich aus der Dunkelheit löst und beginnt, sich gegen den Himmel oder das Wasser abzuzeichnen.

Im spiegelnden, schimmernden Licht zwischen dem See und dem Ufer, als die Jünger noch dunkel in ihrem Boot standen, öffnete sich ihnen die andere Wirklichkeit. Sie hatten sie »gekannt«. Vom »Himmel« hatte Jesus ihnen erzählt, von »Auferstehung« war die Rede gewesen und vom »Reich Gottes«. Aber es waren Worte gewesen, Rufe in der Dunkelheit gleichsam. Und als Jesus am Kreuz starb, da schwand ihnen der Sinn seiner Worte, und sie standen umstellt von der banalen Wirklichkeit, in der Gewalt war und Entsetzen und Spott und schließlich der alte Beruf, den sie nun wieder ergriffen, als wäre nichts gewesen.

In der Geschichte liegt eine Erinnerung: »Im Anfang«, so beginnt die Bibel, »schuf Gott Himmel und

Erde. Und die Erde war wüst und leer, und es war finster auf der Tiefe, und der Geist Gottes brütete über den Wassern« (1. Mose 1, 1–3). Im Morgen der Schöpfung, als Gott das Licht rief, wurde die Dunkelheit eingebunden in den Rhythmus von Nacht und Tag und ordnete sich das Chaos unter dem Wirken des Geistes. Es ist, als setzte sich das Schöpfungswerk fort in der Stunde, als über dem Wasser, im frühen Licht, die Gestalt des auferstandenen Christus erschien. Die Ostergeschichte am See bezieht das Schöpfungswerk neu auf den Christus, der den neuen, den aus Gottes Geist neugeschaffenen Menschen vorbildet und vorwegnimmt.

Die Schöpfungsgeschichte ist ja nicht ein Bericht über die Entstehung der Welt, sondern ein Symbol, dem Glauben vorzeichnend, was ihm die Welt sei und bedeute: Werk eines Gottes, der immer aufs neue beginnt, immer neu aus dem Tod das Leben ruft und dem Zerstörten eine neue Gestalt gibt. Die Schöpfungsgeschichte, gespiegelt in der Ostergeschichte am See Genezareth, ist ein Symbol der Hoffnung, und im Grunde das stärkste, das den Menschen unserer Zeit vor die Seele gestellt werden kann. Die Schöpfungsgeschichte ist ein Wegweiser. Sie zeichnet die Wandlung unseres ganzen Wesens vor.

Die Ostergeschichte meint: Christus kann dir näher kommen als er dir jetzt ist. Du kannst mehr erkennen als du jetzt erkennst. Öffne deine Augen! Komm aus deinem Boot, tritt ans Ufer und schau, was werden soll. Und dann geh deinen Weg weiter auf dieser Erde.

Die Ostergeschichte meint: Du verstehst das Dasein besser, wenn du es von der Begegnung mit dem auferstehenden Christus her deutest. Wenn du auf den Mann am Ufer zugehst, wird sich dir ein neuer Grund unter deinen Füßen bilden. Du wirst, gewandelt und neu berufen, in einen Raum eintreten, in dem dein Weg ohne Grenzen weiterführt.

Der reiche Jüngling und das Glück

Ein junger Mann kam zu Jesus und fragte: Meister, was muß ich tun, um ewiges Leben zu finden? Jesus antwortete knapp: Erfülle die zehn Gebote! Der andere erwiderte: Das tue ich auch bisher schon. Was fehlt mir noch? Jesus sah ihn an, gewann ihn lieb und sprach: Geh, verkaufe alles, was du hast, und gib den Erlös den Armen. Dann komm und folge mir nach. Er aber ging traurig davon, denn er hatte viele Güter (Matthäus 19,16–22).

Willst du ewiges Leben, so hören wir Jesus sagen, dann ist nicht wichtig, was du hast, sondern wer du bist. Du bist mehr, wenn du weniger hast. Zwischen Haben und Sein fällt die Entscheidung für die Ewigkeit. Laß fahren, was dich hindert.

Jesus gewinnt ihn lieb, wird erzählt. Man kann das Wort auch so übersetzen, daß es bedeutet: Er fuhr ihm mit der Hand übers Haar. Es liegt etwas von Zärtlichkeit in dem Ausdruck. Er traut ihm das Ganze zu. Er traut ihm die Kraft zu, das volle Leben zu wollen, die Festigkeit und den Willen zum Wesentlichen, die nötig sind, wo einer ein Leben sucht, das vor Gott und den Menschen gelingt.

Jesus fordert ein Opfer nur im Vordergrund. Dort, wo ein Mensch sich von dem löst, was er hat, kann er das werden, was er ist und nach Gottes Willen sein soll. Im Grunde sagt er: Du wirst glücklicher sein. Du wirst genauer mit dir selbst übereinstimmen. Du wirst freier sein. Du findest das Gottesreich, das also, was wichtiger ist als dein Lebensstandard.

Jesus zeigt ihm sein eigentliches Wesen, seine Würde, die Gnade, die in seinem Leben liegt, den Sinn und die Zielrichtung seines Lebens, und sagt: Wenn du das erkennst, kann ich dich brauchen. Er zeigt ihm das Bild von dem Menschen, der die Herrlichkeit Gottes schaut und darin bei seinem Auftrag und in seinem Glück ist, der auf dem Wege des Verzichtens nicht nur ärmer, sondern vor allem freier wird.

Vielleicht hören wir aus dem Gespräch Jesu mit dem jungen Mann ein paar Worte heraus, die uns gemeinsam betreffen? Wenn ihr, so könnten sie lauten, eure Tage und Jahre nicht mit Raffen und Halten, Gewinnen und Sichern verbringen würdet, könntet ihr dichter bei euch selbst leben. Ihr kämet näher an den Segen heran, den Gott euch zugedacht hat. Wenn ihr eure Hände leer hättet, könntet ihr mehr von der Fülle aufnehmen, die Gott euch geben will. Wenn euch nicht so viel an eurem Lebensstandard läge, könnte euer Leben mehr Sinn haben.

Vielleicht denken wir diese Worte noch ein wenig weiter, etwa so: Wie sollen wir verzichten, wenn wir nicht vertrauen? Und wie sollten wir vertrauen, solange wir uns gegen alle Bedingungen, in die Gott unser Dasein gestellt hat, wehren?

Fänden wir also, wenn wir die Feindschaft gegen die Kreatur aufgäben, nicht wieder etwas wie Dankbarkeit für das Leben insgesamt mit seiner gefährlichen und faszinierenden Lebendigkeit? Es wäre eine Dankbarkeit für die Zeit, die uns gegeben ist, für die Zukunft, die uns noch immer offensteht. Dankbarkeit dafür, daß wir noch und immer wieder einen neuen Versuch unternehmen dürfen, als Kinder Gottes in der Schöpfung Gottes ein sinnvolles und erfülltes Leben zu führen. Dankbarkeit für die Gnade des Lebens überhaupt. Dankbarkeit vor allem dafür, daß zu unserem Glück und Heil nicht alles von uns abhängt.

Was soll der reiche Jüngling denn eigentlich abgeben? Es ist doch bemerkenswert, daß er Jesus fragt, was er tun soll, obwohl er doch alles tut, was man von einem frommen Mann zu verlangen pflegt. Offenkundig trägt er Widersprüche mit sich herum, die sich nur zufällig an seinem Reichtum offenbaren. Besitz ist häufig nur ein Statthalter dessen, was ein Mensch unsichtbar in sich zu sammeln und festzuhalten strebt. Und mancher wäre leichter bereit, sein Geld abzugeben als seine Probleme, seine unentbehrlichen, so wichtigen, geliebten Schwierigkeiten. Der junge Mann, dem Jesus so viel zutraut, soll wohl zunächst einmal einen Schritt aus sich selbst heraus tun und aus dem Rahmen seines Reichtums nur nebenbei.

Er soll nicht so viel nach seinem Standard und nicht so viel nach seinem Seelenheil fragen, sondern nachfolgen. Das Reich Gottes ins Auge fassen und dafür »etwas Gerechtes tun«, wie Jesus an anderer Stelle sagt. Er soll die – zugegeben unentbehrliche – Phase der Diskussionen und des Problematisierens, der unfruchtbaren Selbstspiegelung wie der Übertragung seiner Konflikte auf die Welt hinter sich lassen, alles »verkaufen« und »verschenken«, Jesus nachfolgen und das Amt übernehmen, das Gott ihm zugedacht hat.

Die kleine Geschichte von dem jungen Mann endet mit dem knappen Satz: Er ging traurig davon. Was ihm blieb, da er den sanften Luxus seiner Probleme nicht abwerfen konnte, war die Depression. Er ist einer von Millionen. Nicht jeder, der traurig in seine Sackgasse trottet, ist reich. Aber alle sind sie überlastet mit ihrer überbeschäftigten, mit sich selbst befaßten Seele. Und alle sind sie unfähig, vor dem heiligen Gott einen Entschluß zu fassen, in dem sie die Freiheit und das Glück finden könnten.

Das Heil liegt in der Umkehr. Es hat sich nichts daran geändert. Aber was soll mit dem Menschen geschehen, der auf das Wort Christi hin sich einem solchen Weg in die offene Zukunft anvertraut? Was ist es, das ihm bevorsteht? Was kann aus ihm werden?

Menschen, die der Geist treibt

Es gibt eine faszinierende Stelle im Römerbrief, die von Amt und Auftrag des Menschen der Kreatur gegenüber spricht. Paulus sagt:

Wenn wir Menschen als Kinder Gottes, als seine Söhne und Töchter gelten, dann sind wir auch Erben, sind Miterben Christi, das heißt für den Grund und Boden, den Gott besitzt, verantwortlich. Und wenn wir leiden, dann dafür, daß sich uns diese Zukunft öffnet: die Herrlichkeit. Er schreibt:

»Was wir jetzt leiden, ist geringfügig
gegenüber der Herrlichkeit,
die uns verwandeln wird.
Denn die Angst der Kreatur wartet,
daß wir uns als Söhne Gottes offenbaren.
Die Kreatur ist ja der Vergänglichkeit unterworfen.
Aber ihr ist eine Hoffnung gegeben, die nämlich,
daß sie frei werden wird von der Sklaverei,
mit der sie der Vergänglichkeit zu dienen hat,

und die,
daß sie die Freiheit der Söhne Gottes erlangt.«
(Römer 8,18–21)

Die »Söhne Gottes« – das sind in den Liedern des Alten Testaments eben jene himmlischen Wesen, die Cherubim heißen oder Engel oder himmlische Heere, von denen der Psalm 8 sagt, sie seien um ein weniges höher als der Mensch in der Stufenfolge der Wesen. Sollte dorthin also die Bestimmung auch der außermenschlichen Kreatur zielen? Konrad Lorenz fällt mir ein, der gesagt hat, der heutige Mensch sei ein Zwischenglied zwischen dem Tier und dem eigentlichen Menschen. Paulus fährt fort.

»Das gilt nicht nur von der Kreatur
außerhalb des Menschen,
das gilt auch von uns selbst,
die wir uns von der Kreatur dadurch unterscheiden,
daß uns der Geist Gottes anfangsweise
verliehen ist:
Auch wir sehnen uns danach,
Söhne Gottes zu werden
und aus unserer engen Menschlichkeit
befreit zu werden.«
(Römer 8,23)

Wir wissen, schreibt Paulus, daß alle Geschöpfe bis zur Stunde miteinander seufzen und in Wehen liegen, bis eine neue Welt geboren wird. Ein solches Seufzen könnte Ausdruck einer Hoffnung, einer Vorfreude sein, einer Vorfreude auf eine Geburt, wenn nicht die Angst hinzuträte, der Mensch, der sich als ein Sohn Gottes, als ein Vorläufer und Befreier erweisen müßte, verfehle seine Bestimmung. Denn der Auftrag des Menschen sei der, der Kreatur einen Schritt vorauszugehen, sich dem Chor der um Gott versammelten himmlischen Wesen einzugliedern und der Kreatur den Platz freizuhalten, der ihr am Ende zukommen soll.

Der Mensch, meint Paulus, soll der übrigen Schöpfung gegenüber dieselbe Funktion ausüben, die der Engel dem Menschen gegenüber ausübt, nämlich die Sprache zu vermitteln, die dem Angeredeten begreiflich ist. Wie der Engel die Sprache Gottes dem Menschen in einer begreiflichen Offenbarung vermittelt, so soll der Mensch der angeblich hörunfähigen und stummen Kreatur gegenüber der Sprechende sein, der sie aus ihrer Stummheit erlöst und in ihr den Geist weckt, nicht den menschlichen, sondern den göttlichen. Denn der Geist Gottes ist in ihr schon wirksam, schlafend vielleicht, aber unablässig am Werk als lebendige und ordnende Kraft.

Es dürfte sehr schwer sein, die verschiedenen Gedanken, die im Evangelium über die Zukunft des Menschen und der Kreatur verborgen liegen, gegeneinander auszugleichen und so zu einer klaren »Prognose« zu kommen.

Da ist einmal die Vorstellung, die Erde habe ihr Ende vor sich. Alle Zukunft sei also ein Neuanfang aus dem Untergang heraus, neu gestiftet nach Art einer neuen Schöpfung.

Da ist zum anderen ein Wort wie das von Römer 8, das durchaus von einem Fortgang der Schöpfung spricht, und zwar durch den freien, schöpferischen Geist, der dem Menschen verliehen sei.

Da ist einmal die Vorstellung, Christus sei zur Würde des Sohnes erhoben, und wir hätten die Bestimmung, ihm gleich zu werden.

Da ist zum anderen die Vorstellung, Christus sei das »Haupt« des Kosmos, und wir Menschen seien zu einem niedrigeren Rang als er bestimmt.

Christus heißt auch der »zweite Adam«, also das Modell des neuen Menschen. Aber er heißt auch der »Logos«, das heißt der auf Gottes Seite Stehende, der kraft seines Sprechens die Welt schafft, weiterschafft und neu schafft.

Christus heißt auch »das A und das O«, also der Anfang und das Ende der geschichtlichen Zeit, innerhalb deren der Mensch sein begrenztes Sein hat. Aber er ist auch der älteste unter vielen Brüdern, der den Weg des Menschen durch die Geschichte begleitet, weiterführt und zum Ziel bringt.

Es steht also die Vorstellung auf der einen Seite, daß wir vor dem Ende der Erde stehen und als die, die wir sind, in die Ewigkeit eintreten werden. Auf der anderen Seite steht die Vorstellung, der Mensch sei durchaus nicht an seinem geschichtlichen Ziel, er habe noch einen Weg vor sich, auf dem ihm die Freiheit der Söhne Gottes zuwachsen werde.

Und dies wiederum würde sich mit der Vorstellung von der fortdauernden Schöpfung verbinden: Der Mensch sei das Zwischenglied zwischen dem Tier und dem Gottessohn. Der sechste Schöpfungstag, an dem Gott den Menschen schuf, sei also keineswegs zu Ende, sondern dauere an.

Wenn wir also sagten, der Mensch »könne nicht aus seiner Haut heraus«, dann wäre dies ein Ausdruck des Unglaubens gegenüber der fortdauernden Schöpfung.

Das aber ist nun einmal ein Merkmal christlichen Glaubens, daß das Unvereinbare zusammengedacht wird. Evolution und Apokalyptik lassen sich nicht in der Form einer Prognose verbinden, aber sie lassen sich durchaus zusammendenken. Die

Evolution war noch nie ein harmloser, fortschreitender Prozeß, sondern immer auch eine Kette von Katastrophen und Untergängen ganzer Biosphären.

Andererseits heißt Fortgang der Schöpfung nicht Fortschritt, jedenfalls nicht in dem gradlinigen Sinn, in dem der Mensch sich ihn wünscht. Fortsetzung der Schöpfung kann auch durch den Untergang der Menschheit hindurch geschehen. Die Schöpfung kann sich zu einer neuen Form leiblich-geistiger Wesen erheben auch durch den Untergang des »homo sapiens« hindurch.

Auch die Saurier gingen zugrunde. Vermutlich hatten sie, wie einer gesagt hat, »zuviel Panzer und zuwenig Hirn«. So wird auch der »homo sapiens« vermutlich den seelischen und intellektuellen Anforderungen seiner Zukunft nicht gewachsen sein; vielleicht aber geht der Weg des Menschen als eines Bildes Gottes durch den Untergang hindurch weiter. Wer weiß es?

Ohne religiösen Hintergrund gefragt hieße dies: Könnte es nicht geschehen, daß die Weiterentwicklung der Schöpfung sich insgesamt gegen den Menschen vollzieht? Wer hat uns Menschen in unserer heutigen Gestalt eine Lebensversicherung für Jahrmillionen gegeben?

Wenn wir das Überleben der Menschheit dennoch hoffen, so deshalb, weil dem Menschen noch immer ein Auftrag an der Erde gegeben ist, und dies allerdings läßt sich ohne den christlichen Glauben nicht festhalten.

Johannes schreibt in seinem ersten Brief: »Wir sind nun Gottes Kinder, und es ist noch nicht erschienen, was wir sein werden. Wir wissen aber, wenn es erscheinen wird, daß wir ihm gleich sein werden, denn wir werden ihn sehen, wie er ist. Wer aber diese Hoffnung hat, der heiligt sich, wie jener heilig ist« (1. Johannes 3,2).

Ich glaube nicht, daß es uns endgültig gelingen wird, aus den Worten des Johannes ein eindeutiges Bild der Zukunft herauszulesen. Der Widerspruch bleibt stehen. Da steht der Abbruch der Geschichte gegen ihren Fortgang aus dem Geist Gottes, da steht die Neuschöpfung aus dem Untergang gegen den weiteren Weg der Schöpfung hinüber in bislang unbekannte Welten. Und dieser Widerspruch wird sich unserem Glauben zumuten, wie er überall, wo der menschliche Geist über die Grenze des Erfahrbaren hinausdenkt, stehen bleiben wird. Die Wahrheit ist gewiß größer und tiefer und vielschichtiger als alles, was unserem Geist »eindeutig« scheinen mag.

Haben wir – so könnten wir uns fragen – in den Seligpreisungen oder in der Rede von dem Menschen, der das Böse ohne Gewalt überwindet, Bilder jenes Menschen vor uns, der den nächsten Schritt am sechsten Tag der Schöpfung geht, zusammen mit Christus? Könnten wir dies denken, so könnte unser Glaubensbekenntnis an Gott, den Schöpfer, eine Aktualität und eine Kraft gewinnen, von der wir uns bislang nichts träumen lassen.

Schaffendes Wort

Es gibt in der Bibel einen tiefsinnigen Gedanken, den wir sehr schwer nachvollziehen können und der doch Wichtigstes aussagt: Gott habe die Welt erschaffen, indem er »sprach«, das heißt aus sich herausging, sich »äußerte«, in einen sprechenden Kontakt trat mit einem Gegenüber, einer Welt, die er »sprechend« erschuf. Das Neue Testament nennt

Christus »das Wort«. Das heißt: In Christus äußerte sich Gott wiederum, ein Gegenüber seines Worts, ein antwortendes Gegenüber schaffend (Johannes 1,1–4. 9. 10). Christus ist das Instrument seines Schaffens. Christus ist es, der, indem er uns anspricht, einen Menschen in uns schafft, weckt oder durch sein schöpferisches Wirken wandelt, der danach fähig ist zu antworten. Und er will, daß die, die so fähig sind zu antworten, selbst sich »äußern«, die Antwort anderer Geschöpfe suchend und ihre Sprache weckend.

Luther legt diesen Gedanken so aus, daß er sagt: Gott schafft durch das Wort. Christus ist das Wort. Und nun sollen wir wort-förmig werden, das heißt uns so wandeln, daß wir Instrumente des Worts sind, hörende und sprechende, auf den schöpferischen Dialog mit Menschen und Kreaturen sonst angelegt. Die Welt soll also durch uns wort-förmig werden, das heißt sich wandeln aus ihrer Stummheit auf Gemeinschaft hin, auf eine Struktur hin, in der jedes das andere versteht und ihm antwortet, es schützt und ihm zum Leben hilft.

Reden wir heute vom Umgang von Christen mit der Kreatur, vom sorgsameren, hörsameren, zum Gespräch bereiten, dann meinen wir nicht ein romantisches »Zurück zur Natur«, sondern ganz im Gegenteil eine Gemeinschaft mit der Natur, die heute noch nicht möglich ist, die aber werden soll und kann. Wir meinen eine auf Zukunft hin erhoffte Sinneswandlung des Menschen in der Gemeinschaft mit Christus. Reden wir von einem »Bekenntnis«, das wir Christen auszusprechen hätten, so ist nicht gemeint, wir sollten sagen: »Ich glaube an Gott Vater, den Allmächtigen, Schöpfer Himmels und der Erde«, oder doch nicht nur dies. Es ist gemeint, daß der Mensch, dem der Geist der Sprache gegeben ist, gleichsam der Schöpfung gegenüber »bekennt«, so, daß die Schöpfung »hört«, wer der Gott ist, der sie und ihn geschaffen hat und vollenden will. Und es ist zum anderen gemeint, daß der Mensch Gott gegenüber bekennt: Jawohl, ich habe verstanden, was du mir aufgetragen hast.

Und wenn ein solches Bekenntnis Menschen gegenüber zu formulieren ist, dann wird es immer wieder die kritische Funktion haben zu zeigen, was am Werk des Menschen falsch ist und was an ihm nicht besteht, und zu zeigen, daß das Reich kommt.

Das Johannesevangelium beginnt mit den hymnischen Sätzen des Prologs:

»Im Anfang war das Wort,
und das Wort war bei Gott,
und Gott war das Wort.
Alle Dinge sind durch dasselbe gemacht,
und ohne das Wort ist nichts gemacht,
was gemacht ist.
Und das Wort ward Fleisch und wohnte unter uns,
und wir sahen seine Herrlichkeit ...«
(Johannes 1,1–3. 14)

Die Welt, sagt Johannes, ist Raum und Rahmen eines Wortes. Sie kommt aus einem Wort, das von Gott her ergeht und das in den unendlichen Gestalten der Schöpfung aufgenommen und mit oder ohne Sprache beantwortet wird. Durch die Sprache aber wird unsere Welt für die Kreatur bewohnbar.

Aber darin liegt zugleich die Vision von einem nun zu erhoffenden Friedensreich. Wenn am Anfang das Wort war, wird das Wort auch am Ende sein und werden alle Dinge in diesem den Kosmos erfüllenden Wort vollendet werden. In ihm, so könnten wir das Wort des Johannes zu Ende führen, in diesem Wort, das die Welt bewohnbar macht, ist die lebendige Kraft, und das Leben aus Gott ist das Licht alles Lebendigen. Wenn wir heute mit der Kreatur neu und anders umgehen wollen, werden wir nichts wirklich Neues erreichen, wenn wir die neue Sprache unseres Umgangs mit ihr nicht abnehmen an jenem Wort, das wir in Christus hören und das am Anfang war und das am Ende sein wird. Alles andere ist Flickwerk.

Wir sehen noch einmal die Szene unter dem nächtlichen Himmel vor uns, als die Menschen den Psalm 8 sprachen und die Würde des Menschen unter den Sternen feierten. Wir, die Christus kennen, werden dieses Lied vielleicht ein wenig anders formulieren und es dann als das unsere sprechen:

Herr, du Schöpfer und Gestalter der Welt,
wie herrlich, daß du es bist,
der sie in Händen hat.
Herr, du Christus,
wie gut, daß wir in dir sehen
das Angesicht unseres Gottes.
Herr, du schöpferischer Geist, wie wunderbar,
daß wir in deiner Kraft mitwirken sollen,
deine Welt zu bewahren.

In einem Kind bist du uns begegnet,
aus deinem Mund kamen Weisung und Heil.
Deine Kinder sind es,
um die wir uns ängsten.

Wenn ich den Himmel sehe, deiner Finger Werk,
den Mond und die Sterne, die du bereitet hast,
was ist der Mensch, daß du seiner gedenkst,
und des Menschen Kind,
daß du dich seiner annimmst?

Du hast ihm gefährliche Gaben gegeben,
du hast ihn befähigt, deine Gedanken zu denken,
Schöpfer zu sein mit dir.
Mach ihn nun zum Schützer
deiner herrlichen Erde, zu einem Herrn,
einem Heger der Kreatur.

Du gabst ihm die Weisung, die Erde zu besitzen,
und sagtest: Selig die Sanften,
denn ihrer ist die Erde.
Ihrer, die Gott schauen, ist das Reich.
Mach ihn zum Sohn des Vaters,
wie du Sohn bist,
und gib ihm die Herrlichkeit der Gemeinschaft
mit den Armen, den Kindern des Vaters
in aller Kreatur.

Gib ihm das Wort, das schaffende,
das erlösende,
für alles Lebendige, das du ihm anvertraut hast.

Herr, du Schöpfer,
wie herrlich zeigst du dich über den Himmel hin.
Zeige dich herrlich auch in uns.

Ein Hauch von Helligkeit

Eine geistliche Übung: Morgens – die Ferien eignen sich dafür –, in der Dunkelheit des frühen Tages, ehe der erste Schein der Sonne spürbar wird, am Ufer eines Sees sitzen. Das beginnende Licht erleben in seiner geringen Helligkeit mit allen den Farben, die uns in der Stunde vor dem Aufgang der Sonne berühren.

Im geringen Licht, in einem Hauch von Licht sozusagen, das Licht erfassen. Licht glauben auch dort, wo der Mensch selbst meint, zu wenig Helligkeit zu haben. Das Licht glauben lernen, nachdem man im geringsten Anflug von Helligkeit gesehen hat, was Licht ist. Auferstehung glauben aus der Erfahrung kaum sichtbaren Lichts.

Himmel
und Erde

Frage:
Woher kommt Gewiß-
heit?

»Himmelfahrt«, das bedeutet: Was Jesus im kleinen Umkreis von Galiläa und Jerusalem gesagt und getan hat, bekommt universale Bedeutung. Jesus war der Heilende. Unsere Sache kann nicht sein, was die Welt krank macht. Jesus hat Leben gestiftet. Unsere Sache kann nicht sein, was den Tod bewirkt.

Himmelfahrt, das bedeutet nicht: Jesus Christus ging von hier nach dort, sondern: in ihm hat der Kosmos einen Herrn. Glauben wir, daß Christus »zur Rechten Gottes« sei, dann haben wir Hoffnung auch für eine tödlich bedrohte Welt.

Christus auf dem Regenbogen

Die Reihe der Ostergeschichten schließt mit dem Bericht von der sogenannten »Himmelfahrt«. Immer wieder, so erzählen uns die Augenzeugen, sind wir Christus begegnet, als er längst gestorben und begraben war. Das war nicht ein Traum und nicht eine Halluzination, das war er selbst. Wir haben ihn gesehen. Wir haben ihn gehört. Wir haben mit ihm gesprochen. Das ging eine ganze Reihe von Tagen, ja Wochen. Irgendwann plötzlich sahen wir ihn, hörten ihn, dann war alles wieder zu Ende, und wir waren allein. Es war, als sei eine zarte Verbindung über die Grenze des Todes und über die Grenzen des Sichtbaren hinweg. Aber an einem bestimmten Tag riß diese Beziehung ab. Wie das zuging?

Einer erzählt: Er »ging weg«. Ja, so muß man es wohl bezeichnen. Wir verloren die Verbindung mit ihm. Wir wanderten an jenem Tag mit ihm von Jerusalem über den Ölberg nach Bethanien. Dort hob er die Hände, während wir vor ihm standen, und segnete uns. Und während dieses Segens ging er weg. Er schied von uns, oder wie man es sagen will, und wir waren allein (Lukas 24,51).

Ein anderer schildert es so: Es war, als wäre eine Wolke gekommen, ein Schleier, und hätte ihn verborgen, hätte ihn mit sich genommen (Apostelgeschichte 1,9).

Ein dritter ergänzt die Worte des Lukas so: Wir redeten mit ihm, und dann geschah etwas: Er wurde auf irgendeine Weise emporgehoben. Zum Himmel. Und wir glauben, daß er nun bei Gott ist (Lukas 24,51).

Ein vierter: Er wurde in den Himmel aufgenommen (Markus 16,19).

Und was sie alle so tastend, so unterschiedlich umschreiben, das nennen wir heute »Himmelfahrt«. Das Gemeinsame an den verschiedenen Deutungen ist wohl etwa dies: Eine Reihe von Tagen hatten wir noch Verbindung mit Christus, dann entzog er sich uns, und wir waren allein. »Himmelfahrt« ist dafür ein kindliches, ein ungeschicktes Wort, und wir haben heute, von diesem Ausdruck her, Mühe, uns in die sensiblen Erfahrungen, die darin verborgen sind, hineinzudenken.

Gewiß, wir kennen die Bilder der alten Meister aus der deutschen Malerei. Da sind die Jünger versammelt, Maria ist unter ihnen. Und sie schauen miteinander auf Christus, der merkwürdig freischwebend steht, die Füße von der Erde abgehoben, und der eben ein Wort des Abschieds oder ein Wort des Segens spricht. Die Maler wollen schildern: Dieser Christus ist anwesend, schwebend leicht, so, als hätte er kein Gewicht. Aber er ist kein Gespenst, sondern der Mensch, den sie alle kennen. Die Jünger und die Mutter erschrecken nicht vor ihm, sondern reden mit ihm, hören ihm zu. Und Maria hat auf den meisten dieser Bilder in ihren Händen ein Buch, offenbar das Evangelium, in dem die Späteren lesen können, was die Zeitgenossen und Freunde mit ihm erlebt und erfahren haben.

Wir haben es heute nicht leicht, einem solchen Bild gerecht zu werden. Denn das wollen und können wir ja nicht mehr sagen: Von hier unten nach dort oben – zum Himmel – stieg Christus hinauf. Das wissen wir ja mittlerweile, daß »oben« nicht der »Himmel« ist, daß »oben« vielmehr die Schichten der Lufthülle einander folgen und über den letzten Luftteilchen die Leere des Weltraums beginnt. Dennoch reden wir vom »Himmel«. Und wir meinen, abseits aller geografischen und astronomischen Vorstellungen, den »Ort Gottes«. Wo ist Gott? Antwort: Er ist doch wohl überall, »oben« ebenso wie »unten« und um uns her. Die Höhe und die Tiefe, der Lebensraum des Menschen und alle Sterne, das zusammen ist der »Ort Gottes«. Himmel.

Himmel – das ist für den christlichen Glauben ein Ausdruck für die überlegene Gegenwart Gottes in dieser Welt, seine Macht, seine Autorität. Im Grunde ist »Himmel« ein Ausdruck für Gott selbst. In ihn ging Christus ein. In ihn »wurde er aufgenommen«. Wenn die Maler Christus gleichsam schwerelos zeigen, dann meinen sie: Wenn Christus »in Gott« eingeht, so wird er anders sein als ein Mensch. Gott ist anders, und Christus hat nun an diesem seinem »anderen« Wesen teil. Er ist uns nun so nahe und so fern wie Gott selbst. Er hat teil an der universellen Gegenwart Gottes in dieser Welt.

An die »Himmelfahrt« glauben heißt darum glauben, daß Christus nicht nur mit unserem menschlichen Denken und Glauben und unserem menschlichen Schicksal zu tun hat, sondern mit dem Schicksal der Welt überhaupt, des Kosmos insgesamt. Es heißt nicht, sagen: Damals ging Jesus von hier nach dort. Sondern: In ihm hat der Kosmos einen Herrn. Die Vorstellung von der Himmelfahrt Christi bedeutet dann aber, daß der Glaube sich ausweitet auf das Ganze der Welt. Daß der Kosmos einbezogen wird. Denn »Himmel« – das ist die alles umfassende Gegenwart Gottes in allen Dingen und an jedem Ort.

Himmelfahrt, das bedeutet: Was Jesus in dem kleinen Umkreis von Galiläa und Jerusalem gesagt und getan hat, bekommt universale Bedeutung.

Jesus war der Heilende. Das Universum ist kein Feind. Es bedroht nicht mehr. Christus ist in ihm und wirkt das Heil. Unsere Sache aber kann nicht sein, was die Welt krank macht.

Jesus hat hat Leben gestiftet. Das Universum hat nicht mehr seinen Tod vor sich, sondern das Reich, dessen Herr Christus ist. Unsere Aufgabe kann nicht mehr sein, was den Tod bewirkt.

Jesus ist den Weg des wehrlosen Liebens gegangen. Das Universum ist nun durchwirkt von seiner Hingabe, und wir lesen an Jesus ab, wohin der Weg der Menschheit in ihrer Zukunft noch gehen kann und gehen soll: in eine Seinsstufe, auf der Hingabe mehr gilt als Macht und Erfolg.

Und noch eins meint das große Bild von der »Himmelfahrt«: Christus hat sich im Übergang von seinem begrenzten irdischen Sein gleichsam geweitet in das Sein bei Gott. Wir aber sind nun berufen, nach ihm hinüberzugehen und uns zu weiten zu einem Sein, das die Grenzen dieses irdischen Daseins abstreift. So ist auch die Kreatur insgesamt in einer Wandlung begriffen auf das »Reich Gottes« oder das »Reich der Himmel« hin, auf jene Zielgestalt der Welt, von der Jesus sprach, in der die Kreatur unter dem leuchtenden Bogen der Güte Gottes hoffen darf zu leben.

Reden wir vom Himmel, dann reden wir nicht nur von dem geistigen Hintergrund der Dinge, in dem der Mensch seine eigentliche Heimat und sein eigentliches Ziel hat, und nicht nur davon, daß demnach der Mensch in dieser Welt immer in einem gewissen Sinn und Maß ein Fremdling sein wird, sein muß und sein will; wir reden auch von dem umgekehrten Gedanken, daß der Mensch, stellvertretend für den Kosmos, von dem Ziel weiß, dem die Welt insgesamt entgegengeht, und daß also im Menschen der Kosmos zum Bewußtsein seiner Bestimmung gelangt.

Auf den erwähnten alten Bildern, welche die Himmelfahrt Christi darstellen, sind häufig unter den Füßen des aufwärtsschwebenden Christus tief und deutlich seine Fußspuren in die Erde eingedrückt. Die Maler wollen sagen: Diesen Christus haben wir auf dieser Erde erlebt, nicht in einem Traum. Durch ihn wissen wir von Gott. Von ihm wissen wir, wie wir mit Gott reden können. Von ihm wissen wir, daß Gott sich für uns interessiert. Und Christus ging uns in seinem Tod nicht verloren.

Der Gott, zu dem wir heute reden, ein- oder zweitausend Jahre danach, ist derselbe, der damals bei den Menschen war. Wir haben die Worte Christi. Wir haben die Berichte über ihn. Wir haben sozusagen seine Fußspuren, die er auf unsere Erde eingeprägt hat, und niemand wird diese Fußspuren Gottes wieder beseitigen. Es ist der eine Gott in einer und derselben Welt.

Wir begegnen also Gott zunächst in einer Geschichte, in einem bestimmten Land, in bestimmten Situationen, in einem Geschehen, das irgendwann einmal auf dieser unserer Erde stattfand. Wir begegnen ihm in einem Wort, das in einer bestimmten Situation gesprochen wurde, von bestimmten Menschen gehört und weitergegeben. Und unser Glaube beginnt zu leben, wenn es uns gegeben wird, dieses Wort zu hören und also auf die Glaubwürdigkeit jenes Einen, der uns begegnet, zu setzen.

Aber der Gott, von dem wir sprechen, ist nicht ein historisches Zufallsbild, er ist nicht ein »gesprochener« Gott, den es in der Wirklichkeit der Welt draußen nicht gäbe; er ist vielmehr jener Eine, von dem auch die Naturgesetze stammen, die wir Menschen ausnützen, um unsere kleine Souveränität auf dieser Erde auszuspielen.

Wir leben nicht in zwei Welten, einer Welt der

Wissenschaft und einer Welt des Glaubens, sondern in einer einzigen, und es ist ein und derselbe Gott, der hier wie dort am Werk ist.

Als das mittelalterliche Weltbild zerbrach, das die Erdkugel als die ruhende Mitte des Universums empfunden hatte, da ging mit ihm auch ein Gleichnis verloren, das etwas Gültiges ausgesagt hatte: daß nämlich die Erde, diese von Gott festgehaltene Erde, und mit ihr der Mensch letztlich nicht in Gefahr sei; daß der Mensch und mit ihm die Erde geborgen und gesichert sei, und zwar dann, wenn er sich, wie der 8. Psalm es gezeigt hat, in den Kreis der unsichtbaren Kräfte stellt, in den Kreis derer, die Gott preisen.

Für den mittelalterlichen Menschen war diese Erde seine Heimat. Er selbst aber ruhte mit seiner Erde zusammen unverrückbar in der Hand Gottes. Dann geschah, was den Bruch zwischen Mittelalter und Neuzeit bezeichnet: Zum Entsetzen des damaligen Menschen fing nach Auskunft der Astronomen diese Erde plötzlich an zu laufen. Und Gottes Hand? Wer weiß, ob ein so haltlos durch den Raum eilender Körper wie die Erde noch in Gottes Hand sei!? Es schien für lange Zeit so, als solle alles, was der christliche Glaube über Gott und den Menschen wußte, ihm mit der ruhenden Erde zugleich aus der Hand gerissen werden.

Heute ist es uns durchaus möglich, an unsere Geborgenheit in der Hand Gottes zu glauben, ob nun unsere Erde in der Mitte der Welt ruht oder wie ein Staubkorn durch das All treibt. Und wir verstehen heute in unserer so anderen Welt auch die alten Baumeister noch, die ihre großen Rosetten an den Fassaden ihrer Dome gestalteten. Diese Geborgenheit meinten sie mit der himmlischen Rose, die vom vollkommenen Gott und vom himmlischen Menschen redet, von dem runden, schönen, ganzen Dasein, das nicht verfliegt oder zerspringt, sondern unversehrt ist und unversehrt bleibt, so gewiß wir in Jesus Christus den Gott finden, dem seine Welt kostbar genug ist, daß er sie in seiner Hand hält.

Das meinten sie, wenn sie über den Westportalen der Kathedralen, in eine Mandorla gefaßt, Christus thronend zeigten über dem Himmelsbogen: den Christus, der von Tieren umgeben war, von den Vertretern des Kosmos und den überirdischen Wesen, die der Psalm 8 um Gott stehen sieht, von Mensch, Stier, Löwe und Adler. Man nennt die vier die Evangelistensymbole, aber ich meine, sie bedeuteten ursprünglich mehr. In der Kathedrale von Chartres, die den Preis der Schöpfung Gottes in Tausenden von Figuren durchspielt, ist es unübersehbar deutlich: In ihnen ist die Schöpfung repräsentiert.

Christus über dem Regenbogen thronend – es liegt wiederum eine Erinnerung in dem Bild: die Erinnerung an jene Urkatastrophe, von der die Völker der alten Welt erzählen, der großen Flut, die in vielerlei Gestalt in den Mythen und Ursagen der Völker geschildert wird. Als die Wasser der großen Flut von der Erde abliefen, als das Land wieder sichtbar wurde und die Menschen sich anschickten, es neu zu bebauen, da setzte Gott einen farbigen Bogen in die Wolken als Zeichen eines behütenden, schützenden Dachs. Wenn nun Wolken sich über der Erde auftürmen, das Gewitter wütet und der Regen rauscht, dann soll in dem Augenblick, in dem die Sonne durchbricht, der Bogen in den Wolken stehen und die Menschen sich eines Wortes erinnern, das Gott gesprochen hat:

»Solange die Erde steht,
soll nicht aufhören Saat und Ernte,
Frost und Hitze, Sommer und Winter,
Tag und Nacht.«
(1. Mose 8,22)

Die Erde soll die Erde des Menschen bleiben, und die Erde soll die Schuld des Menschen nicht büßen. Was gäbe es heute Tröstlicheres zu hören als dieses Wort?

Zweifache Erfahrung Gottes

Was wir von Gott wissen, lassen wir uns von Jesus sagen. Wir trauen ihm zu, daß er uns Authentisches zu sagen habe. Wer aber war Gott für ihn?

Er sprach von Gott in immer neuen Varianten als von dem Vater, dem Herrn, dem König, also von einer – für das Verständnis der Menschen jener Zeit – respektgebietenden Person, einer Autorität, einer Gestalt, die Macht hat, der sich zu fügen ratsam ist, die der kleine Mensch anredet, die er hört, der er sich unterwirft. Und als seine Mitarbeiter ihn bitten: Gib uns ein Gebet! – da gibt er ihnen das »Vater unser«.

Gott war für ihn wie für die ganze Überlieferung seines Volks also eine Art »Person«. Ein Gegenüber. Wie ein Mensch einem anderen gegenüberstand, so stand für ihn Gott dem kleinen Menschen gegenüber. Wie der Mensch über Geist und Willen verfügt, so verfügt Gott über Geist und Willen. Wie ein Mensch sich eines anderen erbarmen kann, ihn lieben, ihn schützen, wie ein menschlicher Herrscher

Forderungen erheben oder Gesetze erlassen kann, wie ein menschlicher Richter urteilen kann über Gut und Böse, so Gott.

Könnte ein Tier sich Gott denken, vorstellen, sich ein Bild von ihm verschaffen, es stellte ihn sich zweifellos, soferne es nicht durch den Umgang mit den Menschen verändert wäre, als einen Gott vor nach Art eines Tieres, dessen Verhalten sich innerhalb des Rahmens bewegte, den das Tier vom Verhalten eines anderen Tieres mit Selbstverständlichkeit annimmt. Jedes Wesen ist in seinen Vorstellungen begrenzt, und wäre der Mensch mit der Vorstellungskraft eines Engels begabt, so füllte sein Gott Dimensionen, die dem Menschengeist nun einmal unerschwinglich sind.

Dem Menschen entspricht als die höchste Form des ihm vertrauten Geistes die Person. Ein Gott, der nur ein Gedanke wäre, aber auch ein Gott, der nicht sehen, nicht hören könnte, der nur als »Kraft« in allen Dingen wirkte, stünde nicht höher, sondern wäre ohne Frage primitiver als der Mensch. Stellen wir uns Gott als schöpferische Lebendigkeit in allen Dingen vor, aber ohne die Ansprechbarkeit und die Dialogfähigkeit eines Menschen, so stünden die Menschen über Gott.

»Vater unser«, sagt Jesus. Und als erstes, was er von Gott sagt, sagt er von diesem Vater aus, er habe einen »Namen«. Das ist dasselbe, was wir meinen, wenn wir sagen, Gott sei »Person«. Das zweite ist, daß dieser Vater einen »Willen« habe, das dritte, daß es ein Reich gebe oder geben werde, in dem dieser Vater nach Art eines Herrschers souverän und unangreifbar diesen seinen Willen durchsetze. Erst dann folgt in diesem Gebet die Bitte, die den Betenden selbst und sein Leben betrifft, danach seine Beziehung zu diesem Gott, seine Gefährdung in einer

Welt, die noch nicht das »Reich Gottes« ist, und schließlich seine Hoffnung, die Erlösung, das heißt die Befreiung von den Engen, den Bindungen und Fesseln dieses Daseins.

Alles ist auf die Dialogfähigkeit beider, Gottes wie des Menschen, abgestellt und darauf, daß sie beide als Personen, als Träger von »Namen« zu gelten haben; ob aber jemand einen ernsthaften Gott kennt oder nur von irgend etwas Göttlichem redet, wird seit Jesus, aber im Grunde schon seit den Zeiten des Alten Testaments daran zu messen sein, ob der persönliche Anspruch, den sein Gott an ihn stellt, die Dimension des heiligen, des fordernden, des überlegenen, des sozusagen Aug' in Auge gegenüberstehenden Gottes hat, von dem Jesus redet. Das meiste, das die Philosophie des Abendlandes, scheinbar unabhängig von dem Gottesbild Jesu, formuliert hat, bleibt an Ernsthaftigkeit hinter diesem weit zurück. Und ehe von Gott in irgendeiner Weise weitergeredet wird, ehe von anderen Weisen der Gegenwart Gottes, von anderen Wegen zur Erfahrung Gottes geredet wird, muß dies, was wir vom Vater Jesu Christi wissen, unangefochten feststehen. Und nichts, was wir darüber hinaus vermuten, denken, erfahren oder ahnen, darf dazu führen, daß dabei das Evangelium von diesem Gott an Geltung verliert.

Aber unter dieser Bedingung ist, und zwar gerade dann, wenn wir von dieser Welt, von der Schöpfung sprechen, davon zu reden, daß die Wirklichkeit Gottes mit seiner dem Menschen zugewandten Personhaftigkeit nur ausschnitthaft erfaßt ist.

Das Gegenbild zu dem Gott, der uns wie ein Vater, ein König, ein Herrscher gegenübersteht, ist das Bild von dem Gott, der uns wie ein Meer umgibt, wie den Fisch das Wasser, wie den Vogel die Luft, wie den Stein die Erde, das Bild von dem Gott, den der Psalm 139 schildert:

»Herr, du siehst in mein Herz
und kennst mich.
Ich sitze oder stehe – du weißt es.
Du kennst meine geheimsten Gedanken.
Ich gehe oder liege – du siehst es.
Mit allen meinen Wegen bist du vertraut.
Ich rede kein Wort,
ich denke es nicht einmal,
das du nicht hörst.

Du hältst mich von allen Seiten umschlossen,
von oben her liegt deine Hand auf mir.
Das ist zu wunderbar, zu unbegreiflich,
zu hoch für meine Gedanken.«

Von dieser universellen Nähe Gottes nach allen äußeren Richtungen wendet sich der Dichter der eigenen Herkunft zu. »Du kennst mich«, fährt er fort,

»denn du hast mich geschaffen:
meinen Leib und meine Seele.
Du warst es, der mich so fein verwoben hat
im Leib meiner Mutter.

Ich danke dir,
daß ich so herrlich geschaffen bin,
so wunderbar.
Deine Werke sind voller Wunder.

Du kanntest mich,
du sahst mich schon,
als ich, menschlichen Augen verborgen,
entstand und meine Gestalt fand.

Du sahst mein Schicksal vor dir,
alle meine Tage und meine Jahre.
In deinem Buch standen sie alle,
sie wurden aufgeschrieben und vorgemerkt,
als sie noch längst nicht begonnen hatten.

Deine Gedanken sind so schwer und groß,
o Gott, wie gewaltig ist ihre Zahl.
Wollte ich anfangen zu zählen,
so wäre es, als zählte ich Sandkörner am Meer
mit meinen Fingern.
Und wenn ich darüber einschliefe,
so würde ich im Traum weiterzählen
und merken bei meinem Erwachen,
daß ich immer weitergezählt habe
und an kein Ziel kam.«

Freilich, der Psalm 139 schildert auch diesen mich von allen Seiten einschließenden und umfassenden Gott nach Art einer Person. Dieser Gott »sieht«, dieser Gott hat eine »Hand«, dieser Gott »erforscht« und »kennt« sein Gegenüber. Insofern zeigt dieser Psalm nicht eigentlich das Gegenbild zum persönlichen Gott, sondern deutet nur in die Richtung, in der der Mensch noch eine andere Art der Gottesnähe zu denken habe als das Alte Testament sie sonst beschreibt.

Und so kommt der Dichter unvermeidlich an den Punkt, an dem Gott für ihn wieder das klare, eindeutige Gegenüber ist, vor dem er sich verantwortet und von dem er wünscht, geprüft und geleitet zu werden:

»Erforsche mich, Gott, und erkenne mein Herz!
Prüfe mich und erfahre, wie ich's meine!
Und sieh, ob ich auf bösem Wege bin,
und leite mich auf ewigem Wege!«

Vielleicht müssen wir verstehen, daß die Dichter und Propheten des Alten Testaments zu einem Volk sprachen, das stets in Gefahr war, das klare Gegenüber Gottes zu verlieren und statt seiner in der Natur und ihrer Fruchtbarkeit ein allgemeines göttliches Walten zu erblicken. Wenn die Propheten sagten: »Gott schafft das Weizenkorn«, dann sagten die Priester des Baal: »Gott ist das Weizenkorn.« Wenn die Propheten sagten: »Gott schafft den Baum«, dann sagten die Priesterinnen der Aschera: »Die Göttin ist der Baum.« Wenn die Propheten sagten: »Gott läßt die Quellen springen in den Gründen«, so sagten die Wahrsagerinnen und Zauberinnen an den Brunnen und Quellen: »Die Quelle – das ist die Gottheit.« Und wenn wir heute diese Gedanken nachdenken, so geraten wir alsbald an dieselbe Grenze der verantwortbaren Aussage. Wenn wir heute sagen würden: »Gott gibt den Verstand, dem sich die Geheimnisse der Natur eröffnen«, so würden die Priester in den Tempeln und anderen Instituten der heutigen Wissenschaft entsprechend behaupten: »Der wissenschaftliche Verstand ist Gott.« Wenn wir sagen würden: »Gott gibt die Güter der Erde«, so würde man in den Zentralen der modernen Wirtschaft vielleicht nicht sagen, aber empfinden: »Der wirtschaftliche Erfolg und sein stetes Wachstum – das ist unser Gott.« Wir stehen also vor einem ähnlichen Problem wie die Propheten, nämlich vor dem Zwang, immer ein wenig genauer, entschiedener und einseitiger von der strengen Personhaftigkeit Gottes sprechen zu müssen als wir es täten, könnten wir einfach aussagen, was dem Geheimnis Gottes angemessen ist.

Viele – und nicht nur Frauen – haben schon daran Anstoß genommen, daß Gott im Zuge einer patriarchalischen Überlieferung so sehr die Züge nicht nur eines Menschen, sondern eines Mannes angenommen habe. Ist Gott, wenn wir ihn Vater nennen, ein Mann? Und ist das nicht über die Menschenähnlichkeit Gottes hinaus eine weitere sehr menschliche Verengung unseres Bildes von Gott?

Sehen wir genau zu, dann hat auch das Gottesbild Jesu durchaus etwas an sich von den Zügen des Mütterlichen. Steht ein Sohn seinem Vater gegenüber, so wird alles auf die bewußte Begegnung und Auseinandersetzung abgestellt sein. Liegt ein Kind im Arm seiner Mutter, so liegt alles im bewußten oder unbewußten gemeinsamen Sein. Wenn Jesus sagt: »Euer Vater weiß, was ihr braucht, ehe ihr ihn bittet«, dann schildert er eine Gemeinschaft zwischen Gott und den Menschen, die viel mehr dem Bild vom Kind im Arm der Mutter entspricht als dem strengen und bewußten, stets gefährdeten Gegenüber von Vater und Sohn. Unsere Aufgabe aber wird sein, endgültig zu entdecken, in welchem Sinn das Selbstverständliche, das ohne Bewußtsein »von Natur« gegebene Sein ein Sein in Gott sein kann oder, besser, ist.

Denn die Loslösung des Menschen und seiner religiösen Bindungen aus dem Kreatürlichen heraus in das religiöse Bewußtsein hatte noch eine Folge auch für ihn selbst, die uns heute zunehmend zu schaffen macht. Wenn junge Menschen sich heute in einem Maß, in dem es früheren Epochen der Menschheitsgeschichte unbekannt war, das Leben nehmen, dann liegt darin gleichsam der Vorwurf an die Mutter, sie sei nicht verläßlich: Es geschieht meiner Mutter recht, wenn ich mir das Leben nehme – warum hat sie mich in diese Welt gebracht? Die Untergangsstimmung, die gewisse Lust am Untergang, die sich die Psychologie unserer Tage kaum zu deuten vermag, liegt in dem Vorwurf an die Welt begründet, sie gebe keinen Halt, keine Geborgenheit, keine Sicherheit, keine Wärme, sie gebe nicht die Möglichkeit, einfachhin zu »sein«; an dieser Empfindung, diesem Weltgefühl aber ist der christliche Glaube unter vielen anderen Faktoren mitschuldig.

Der Psalm 139 schildert noch eine Welt, in der der Mensch seinem Gott auf keine Weise entrinnt, der warmen, freundlichen Nähe ebensowenig wie der Verantwortung fordernden Strenge Gottes. Die christliche Zivilisation aber hat es geschafft. Sie hat die Welt, die Natur, die Kreatur, wie immer wir sagen wollen, so gründlich entgöttlicht, daß nun von Gott nichts mehr zu sehen, nichts mehr zu hören, nichts mehr zu erfahren, nichts mehr zu spüren ist. Und das Empfinden vieler heutiger Menschen ist eben dies: Uns hat die Mutter verlassen. Also trotzen wir. Also zeigen wir der »Mutter«, daß wir sie nicht brauchen, und richten sie zugrunde. Wir verzichten auf ihr schöpferisches Tun an uns selbst und zerstören unser eigenes Leben. Es ist Zeit, daß gerade wir Christen die verachtete Natur wieder sorgsam in unsere Hand nehmen, dankbar und der Gegenwart Gottes nachdenkend, ehe es zu spät ist.

Was aber ist auszusagen? Dies, daß wir das Geheimnis Gottes vereinfachen, daß wir es ins Vordergründige ziehen, wenn wir meinen, eindeutig von ihm reden zu können. Wenn wir sagen: So ist Gott – dann werden wir auch sagen müssen: Gott ist auch anders. Wenn wir sagen: Du Vater! – dann werden wir auch sagen müssen: Du Geheimnis um uns her und in uns. Wenn wir sagen: Du Gott, den wir kennen – werden wir auch sagen müssen: Du gänzlich Unbekannter. Wenn wir sagen: Du Licht! – werden wir auch sagen müssen: Du abgründige Dunkelheit.

Wenn wir sagen: Du Liebe und Barmherzigkeit – werden wir auch sagen müssen: Du Rätsel des Leids und der Schmerzen und der Angst deiner Kreatur.

Was ist noch auszusagen? Dies, daß dem Gott gegenüber, der uns als Person entgegentritt, das Gebet die angemessene Form der Verehrung sein wird. Das Gebet als Folge formulierter Sätze, die gesprochen werden, in Sprache gefaßter Glaube, in Wort gefaßtes Vertrauen. Wissen wir, daß Gott der »Vater« ist, werden wir ihn anreden: »Vater im Himmel« – und all das in deutlich formulierte Sprache fassen, was ihm gegenüber zu nennen oder zu bekennen ist. Wir werden freilich hinzufügen müssen, daß dies nur die eine Form des Gebets sein wird.

Es gibt auch eine angemessene Weise, in der Gegenwart Gottes zu sein, in der nicht geredet wird. Sie hat insbesondere Tersteegen immer wieder gemeint, wohl wissend, daß, was nicht in Sprache besteht, eigentlich auch nicht in Sprache gefaßt werden kann, auch nicht in die des Kirchenliedes:

»Gott ist gegenwärtig. Lasset uns anbeten
und in Ehrfurcht vor ihn treten.
Gott ist in der Mitte. Alles in uns schweige
und sich innigst vor ihm beuge ...«

»Luft, die alles füllet, drin wir immer schweben«, nennt er Gott. »Aller Dinge Grund und Ende.« Und diesem Gott »tritt er nicht gegenüber«, in diesen Grund »senkt er sich hinunter«.

Genau dies wäre zu sagen, daß der Mensch nicht nur als Redender und Hörender, sondern auch als Schweigender und Versinkender angemessen vor Gott und in Gott sein kann, und je länger einer im Lauf seines Lebens mit der Sprache umgeht, in der die Kirchen von Gott zu reden pflegen, desto schweigsamer wird er selber werden.

Gott ist die Person, der wir verantwortlich gegenüberstehen. Das ist das eine. Gott ist das Meer, in dem wir versinken. Das ist das andere. Und das dritte ist: Gott ist der Geist Gottes in uns selbst. Und die Tatsache, daß der Geist Gottes »ausgegossen ist in unser Herz«, führt wiederum eine neue und andere Weise mit sich, Gott zu erfahren.

Sensibilität gegenüber dem Kosmos

Es ist uns Abendländern viel verlorengegangen. Verloren ging uns nicht nur die religiöse Dimension des Kosmischen, sondern auch die Feinfühligkeit, mit der wir eigentlich die Dinge dieser Welt betrachten sollten, wenn wir wirklich glauben, daß in ihnen Gott ist. Ich möchte einige Gebete wiedergeben, die ich besonders liebe; es sind keine christlichen.

Ich gehe zweihundert Jahre oder mehr zurück – und hinüber über den Atlantik nach Amerika, in die Prärien und Urwälder jenes weiten Landes, in dem die indianischen Völker gelebt haben, ehe die Weißen sie aus ihrer Heimat vertrieben.

Denn die Gebete, die ich besonders liebe, sind die der Sioux oder der Völkerstämme Mexikos und Perus. Da betet zum Beispiel einer jener Menschen, die wir für Wilde gehalten haben, so:

O Herr der Welt, höre mich.
Von der Himmelshöhe, von der Meerestiefe,
wo immer du bist, Schöpfer der Welt.
Du Schöpfer der Menschen, Herr aller Herren.

Zu dir komme ich,
allein und mit schwachen Augen,
voll Sehnsucht, dich zu erkennen.
Du siehst mich. Du kennst mich.

Sonne und Mond, Tag und Nacht,
Frühling und Winter,
sie alle eilen, wie du es gebietest,
von ihrem Anfang zu ihrem Ziel.

O höre mich an,
laß mich zu dir, meinem Ziel, kommen,
daß ich nicht ermatte auf dem Wege,
und gib mir das Leben.

Wir Abendländer samt den Söhnen unserer Kultur, die als Wilderer über den Atlantik gegangen sind, haben Grund, unsere Anmaßung, auch unsere christliche, abzulegen. Wir haben die indianischen Kulturen zerstört; manche wollten den betrogenen und unterworfenen, halb ausgerotteten Stämmen das Evangelium bringen, tatsächlich aber brachten wir ihnen nicht viel mehr als unseren Glauben an die Technik und die Wirtschaft. In unseren eigenen Ländern stehen wir heute an einem Punkt, an dem auch nachdenkliche und religiös gutwillige Menschen unter uns das Beten wieder lernen müssen wie die Schulkinder das Abc. Und es wäre gut, lernten wir es auch von denen, deren Frömmigkeit wir im Namen des Christentums ausgerottet haben, etwa von dem folgenden Morgengebet der Indianer:

Die Morgenröte kleidet
sich in ihr Lichtgewand.
Sie will Ehre erweisen
dem Schöpfer der Menschen.

Der hohe Himmel
legt die Decke seiner Wolken
von sich. Er beugt sich
vor dem Schöpfer der Menschen.

Die Sonne,
die Königin unter den Sternen,
breitet ihre Strahlen aus
wie goldenes Haar.

Der Wind,
der über die Erde geht,
streichelt auf seinem Wege
die Wipfel der Bäume,
und wir hören ihn reden
in den Zweigen.

In den Bäumen
singen die Vögel
und bringen ihr Lied dar
dem Herrn der Erde.

Die Blumen
breiten ihre Farben aus
und ihren Duft.
Es ist herrlich, sie zu sehen.

So rühmt auch mein Herz
dich, meinen Vater,
bei jeder Morgenröte
aufs neue,
du, mein Schöpfer.

Ich frage mich, wo die Christen sind, die noch so empfinden, die sich noch in einen Morgen stellen, den Wind reden hören und sehen, wie die Sonne ihr goldenes Haar über der Erde ausbreitet. Wir haben den Glauben eingegrenzt auf den Menschen und seinen Gott. Die Welt und ihr Geheimnis, ihre Würde ihre Unmittelbarkeit zu Gott – das spielt kaum eine Rolle. Was für eine Barbarei! Wir Christen haben uns zur einzigen Religion der Erde entwickelt, die die Welt, die Schöpfung, die Kreatur mißachtet, mit Füßen tritt, verwüstet und ausbeutet. Zum einen Teil deshalb, weil uns das nicht daran hindert, fromm zu sein unserer Gewohnheit nach, und zum anderen Teil deshalb, weil es noch immer Kreise unter den Christen gibt, die auf eine andere Welt hoffen, das Ende der alten ersehnen und sie also ohne Bedauern zugrunde gehen sehen.

Die Indianer Mexikos beteten:

O Herr der Welt,
dir singe ich.
Alles blüht um mich her
und die Welt ist gesegnet und voll Freude.

Dir singe ich!
Wie glänzt jetzt der Tau!
Wie jubeln alle die bunten Vögel,
der Gesang der Zwitschernden tönt überall.
Alle singen dir zu Ehren,
dem Erschaffer des Alls, dir, der Gott ist.

Du allein
bist die Quelle des Gesanges,
denn das Lied wurde im Himmel geboren.
Im Himmel läßt seine Stimme strahlen
der liebliche Vogel der Götter,
und die heiligen Vögel jubeln im Wechselgesang
zum Preise des, der die Welt geschaffen.

Mein Herz hört die Stimmen,
und ich will alle dunklen Schleier
der Vergangenheit den Winden geben,
damit auch mein Seufzen aufsteigt

in den unendlich leuchtenden Himmel,
hoch hinauf, und mitklingt,
wo die gelben Kolibris singen
zum Preise des Gottes im Himmel.

Ach, ich will nicht weinen auf Erden.
Ach, ich weiß, was immer die Erde trägt,
muß enden, wie hier unser Leben endet.
Laß mich singen zu dir, du Grund des Alls,
im Himmel möge meine Seele zu dir singen,
daß du sie freundlich ansiehst,
du, durch den wir leben.

Vielleicht ahnen wir modernen Abendländer im Spiegel eines solchen Gebets, wie viel uns fehlt und warum unser eigenes Beten eine so sterile Sache geworden ist.

Was uns fehlt, das ist die Fähigkeit, fremde Wesen in ihrer eigenen Würde wahrzunehmen und ihnen nicht nur irgendeine Aufmerksamkeit, sondern unsere Seele zuzuwenden. Wir sehen nur noch Dinge, Tiere, Bäume, aber wir sehen nicht mehr durch sie hindurch auf Gott hin. Wie sollten wir aber unmittelbar zu Gott reden können, wenn er doch in unserer Welt nicht mehr vorkommt? Wie sollten wir mit Gott reden können, da wir doch gänzlich verlernt haben, leise Stimmen zu vernehmen?

Im Jahr 1855 schrieb der Indianerhäuptling Seattle an den Präsidenten der Vereinigten Staaten einen Brief, der sich wohl eignete, in einem christlichen Bußgottesdienst verlesen zu werden:

»Der große Häuptling in Washington läßt uns wissen, daß er unser Land kaufen will. Er sagt uns dazu Worte der Freundschaft und des guten Willens. Dies ist sehr freundlich von ihm, da wir wissen, daß er andererseits kaum auf unsere Freundschaft angewiesen ist. Wir werden uns aber euer Angebot überlegen, denn wir wissen: wenn wir es nicht tun, mag vielleicht der Weiße Mann kommen, um uns unser Land mit Hilfe von Gewehren wegzunehmen.

Wie kann man den Himmel kaufen oder verkaufen – wie die Wärme des Landes! Diese Idee scheint uns sehr merkwürdig. Wir besitzen auch die Frische der Luft und das Glitzern des Wassers nicht! Wie könnt ihr sie da von uns kaufen? Jedes Stück dieses Bodens ist meinem Volk heilig. Jede schimmernde Kiefernnadel, jede Lichtung und jedes summende Insekt ist der Erinnerung und dem Erleben meines Volks heilig.

Wir wissen, daß der Weiße Mann unsere Art und Weise nicht versteht. Das Schicksal seines Landes ist ihm so gleichgültig wie das eines anderen, da er in der Nacht kommt und vom Lande nimmt, was immer er braucht. Die Erde ist nicht sein Bruder, sondern sein Feind. Wenn er den Grund erobert hat, zieht er weiter. Er läßt die Gräber seiner Väter zurück und zerstört rücksichtslos den Boden für seine Kinder. Sein Appetit wird die Erde verschlingen und nur eine Wüste zurücklassen. Der Anblick eurer Städte schmerzt die Augen der Rothäute, aber vielleicht nur deshalb, weil der Rote Mann nur ein Wilder ist und nichts versteht ...

Es gibt in den Städten der Weißen keinen Ort der Stille, keinen Ort, dem Singen der Frühjahrsblätter oder dem Knispeln eines Insektenfluges zu lauschen. Ein Indianer liebt den weichen Klang des Windes, wenn er über das Gesicht eines Sees streicht, und den Duft des Windes, wenn er von einem Mittagsregen reingewaschen oder von einer Pinonkiefer mit süßem Geschmack beladen ist. Die Luft ist dem Roten Mann teuer, deshalb, weil alle denselben Atem haben: die Tiere, die Bäume, die Menschen.

Falls ich mich entschließen sollte, dem Angebot zuzustimmen, werde ich eine Bedingung zu stellen haben: Der Weiße Mann muß alle Tiere dieses Landes als seine Brüder behandeln. Ich bin ein Wilder, und ich verstehe es nicht anders. Ich habe schon tausend verwesende Büffel auf der Prärie gesehen, von Weißen Männern zurückgelassen, die sie von einem vorbeifahrenden Zug aus abschossen! Ich bin ein Wilder und verstehe es wirklich nicht, wie das rauchende Eisen-Pferd mächtiger sein kann als der Büffel, den wir nur töten, um zu leben.

Was ist der Mensch ohne Tiere? Wenn alle die Tiere nicht mehr da wären, würde der Mensch an der großen Einsamkeit sterben, denn alles, was den Tieren widerfährt, trifft auch den Menschen. Alle Dinge sind miteinander verbunden. Was immer der Erde zustößt, stößt auch den Söhnen der Erde zu!

Eines wissen wir, und der Weiße Mann wird es vielleicht eines Tages auch entdecken: Unser Gott ist derselbe Gott. Ihr mögt jetzt denken, daß ihr ihn so besitzt, wie ihr auch das Land besitzen wollt. Aber das könnt ihr nicht. Er ist Gott für alle Menschen. Und sein Mitleid für die weißen und die roten Menschen ist dasselbe. Ihm ist die Erde wertvoll, und die Erde zu verletzen heißt, Verachtung auf den Schöpfer zu häufen.

Vielleicht könnten wir verstehen, wenn wir wüßten, was der große Traum des Weißen Mannes ist, welche Hoffnungen er seinen Kindern an langen Winterabenden erzählt, welche Visionen er ihnen in den Geist brennt, daß sie es sich für morgen wünschen. Aber wir sind Wilde. Die Träume des Weißen Mannes sind uns verborgen. Wenn wir euch unser Land verkaufen, liebt es so, wie wir es geliebt haben. Sorgt euch darum, wie wir uns gesorgt haben.

Haltet fest in eurem Gedächtnis, wie das Land aussieht, wenn ihr es nehmt. Mit all eurer Kraft, mit all eurem Mut und mit ganzem Herzen bewahrt es für eure Kinder und liebt es so, wie Gott uns alle liebt. Eines wissen wir: Euer und unser Gott ist derselbe Gott, und die Erde ist ihm kostbar.«

Leben wir nicht in tiefer Barbarei? Wer bei uns darum kämpft, daß ihm der Duft des Windes erhalten bleibt oder das Zirpen einer Grille, der gilt als ein Träumer und Naturapostel. Ein Träumer aber gilt als unfähig zu politischem Handeln. Wer unter der Verwüstung seiner Welt leidet, paßt nicht in unsere erfolgreiche Zeit. Wer mitleidet mit den Leiden der Kreatur, dem fehlt der Sinn für Realität, denn realistisch denken, das heißt bei uns ja, Wohlstand, Fortschritt, Wachstum und kurzatmigen Erfolg des Menschen an die Stelle setzen, an der früher Gott war.

Wie sollte man bei uns – etwa auch unter Christen – eine Wahrheit dulden können, die Gott Menschen irgendeiner Zeit oder Zone vielleicht offenbart hätte? Wie sollten wir glauben können, daß ein »Wilder« Einsicht gewinnen könne in das Geheimnis, das um Gott ist?

Die Sioux beteten an den Abenden:

Gott, du bist mein Vater,
du bist meine Mutter.

Jetzt werde ich schlafen
unter deinen Füßen,
unter deinen Händen,
du Herr der Berge und der Täler,
du Herr der Bäume
und aller Schlinggewächse.

Morgen ist wieder ein Tag.
Morgen kommt wieder das Sonnenlicht.
Ich weiß nicht, was dann sein wird.
Meine Mutter und mein Vater
wissen es auch nicht.

Nur du, Gott, siehst mich.
Du hütest mich auf jedem Weg,
in jeder Dunkelheit,
vor jedem Hindernis,
du mein Herr,
du Herr der Berge und Täler.

Du weißt, was ich heute gesagt habe,
ob es gut war oder böse,
ob es zuwenig war
oder zuviel.
Du aber vergibst mir
alle meine Verfehlungen.

Ich bekenne mich gerne dazu, daß ich als Christ, der die so sehr ähnlichen Psalmen des Alten Testaments kennt, diese Gebete liebe. Und nichts scheint mir wichtiger, falls wir überhaupt wieder in den großen, weiten und lichten Raum des Gebets hineinwachsen wollen, als daß gerade wir Christen aus unseren Begrenzungen und Verengungen herausfinden und aus der Erstarrung unserer Sprache. Ich glaube, daß wir durchaus die Freiheit und Schönheit unseres eigenen Glaubens wiederfinden können. Denn wir sollen ja nicht die Frömmigkeit eines fernen und vergangenen Volkes übernehmen, sondern, wenn uns dies gelingt, das Geheimnis unseres eigenen Glaubens neu aufspüren.

Die Lehrer der Christenheit haben sich nicht genug tun können, die Tugenden der Heiden als glänzende Laster zu verhöhnen. Und die Lehrer des

Protestantismus der Jahrzehnte nach dem Ersten Weltkrieg haben darin ihre Rechtgläubigkeit zu erweisen gesucht, daß sie die Religionen fremder Völker um die Wette als religiöse Gottlosigkeit, als fromme Sünde diffamierten.

Vielleicht aber lernen wir von den Wilden, wie wir sie nennen, von den Primitiven, wie wir sagen, heute allmählich das Staunen wieder, das wir so sehr verlernt haben. Das Staunen zum Beispiel über die unermeßliche Phantasie des Schöpfers, über die unendliche Vielfalt der Gräser, der Blumen, der Käfer, der Muscheln oder der Schneckenhäuser. Staunen darüber, wie kein Gras dem anderen gleich ist, keine Schneeflocke der anderen. Wir haben an die Stelle des Staunens unsere Kenntnis gesetzt und wundern uns, daß die Welt nicht mehr zu uns spricht und die Freude, von der das indianische Gebet spricht, sich nicht einstellen will. Daß in unserem Land die Schwermut überhand nimmt, der Überdruß und die Lustlosigkeit.

Vielleicht lernen wir doch das Schweigen wieder, auch das innerliche. Vielleicht können wir noch einmal lernen, ehe es zu spät ist, auf ein lautloses Wort zu hören und ihm zu antworten oder nicht Sichtbares wahrzunehmen und es als inneres Bild wiederzufinden. Vielleicht gewinnen wir sie wieder, die Kunst, in einem einfachen Ding mehr zu sehen als das einfache Ding, in einem Stein mehr als den Stein, in einem Blatt mehr als das Blatt oder in einem Menschen mehr als nur den Menschen und also in unserer Welt mehr als nur die Welt der Sinne.

Weisheit in Christus

Im Frühjahr 1981 waren wir Zeugen eines in jeder Hinsicht erstaunlichen Vorgangs.

Der »Weltgebetstag der Frauen«, alljährlich von einer Gruppe von Frauen aus einer anderen Kulturzone dieser Erde vorbereitet und gestaltet, hatte sich für dieses Jahr das Thema »Die Erde – Gottes Schöpfung« vorgenommen und die Vorbereitung einigen Christinnen indianischer Herkunft übertragen. Wenn nun die Feier, die diese Frauen gestaltet haben, weltweit abgehalten wird, haben wir eines der ersten großen Zeichen für die künftige Entwicklung in der Christenheit vor uns: Denn dies wird künftig ein Merkmal der Kirche sein, daß die im Rahmen alter, sogenannter »primitiver« Kulturen entstandenen christlichen Gemeinschaften die Überlieferungen ihrer eigenen Völker einbringen in die Vielfalt und den künftigen Gestaltenreichtum der Kirche Jesu Christi auf dieser Erde.

Wir stehen ja – das kann jeder sehen, der es sehen will – am Ende einer durch die europäische theologische Geschichte geprägten Konfessionenkirche. Künftig wird an die Stelle der Konfessionen eine weltweite Gliederung nach Ländern oder Kulturkreisen treten. Zwischen einer katholischen Kirche in Europa und einer katholischen Kirche in Südamerika oder Afrika werden künftig größere Differenzen im Verständnis des Glaubens und der praktischen Frömmigkeit herrschen als zwischen einer evangelischen und einer katholischen Kirche in Europa. Alle Weltkirchen und konfessionellen Weltbünde stehen vor diesem Problem der interkulturellen Differenz und vor dem Ende einer an den alten Kolonialstrukturen und der alten Kolonialmentalität orientierten Schrebergartentheologie aus Mitteleuropa.

Die jungen Völker werden künftig die europäische Kirchengeschichte aussparen (deren Ertrag als so überzeugend christlich wohl auch nicht angesehen werden kann) und das Evangelium von Jesus Christus, wie sie es in der Bibel lesen, in den Boden ihrer heimischen Überlieferung einpflanzen, und vielleicht werden wir Europäer mehr von ihnen zu lernen haben als sie von uns.

Ein – soweit ich sehe – erstes großartiges Zeichen für diese kommende Entwicklung ist der Beitrag jener schon genannten indianischen Frauen, und es scheint mir höchst aufschlußreich, daß ein solcher Impuls heute offenbar leichter von Frauen ausgeht als von den von Männern nach wie vor beherrschten Kirchenorganisationen und theologischen Schulen.

Indianische Frauen also gestalteten die Feier des Jahres 1981. Sie wissen, was »Umgang mit der Erde«, mit »Gottes Schöpfung« heute heißt. Sie leben in Reservaten, in kleinen Inseln, die vom Eroberungsdrang europäisch-amerikanischer Christen bislang verschont geblieben waren, in denen heute plötzlich neue Vorkommen von Kohle oder Uran entdeckt worden sind und die unaufhaltsam zerstört werden. Sie leben mit einem Einkommen, das halb so hoch ist wie die durch die US-Regierung festgesetzte nationale Armutsgrenze. Kaum ein Volk hat unter den christlichen Völkern so elementar gelitten wie die indianischen. Erst 1924 wurden sie als Bürger der USA anerkannt, und seither leben sie in einem inneren und äußeren Elend, von dem wir Europäer uns kaum eine Vorstellung machen.

Frauen aus den Stämmen der Hopi, der Sioux, der Dakota, Cherokee und Winnebago, die in Amerika in der politischen und kirchlichen Öffentlichkeit arbeiten, haben uns die Ordnung gegeben. Aber es ist nicht das herausgekommen, was in Europa herauskäme, wenn wir einen Gottesdienst zur Umweltfrage gestalteten. Nicht der Angriff gegen die Menschen, die die Zerstörung ihrer Welt verschulden, ist das Thema, sondern die Suche nach dem Frieden zwischen allen Menschen so, daß das gemeinsame Leben aller auf dieser Erde möglich wird. »Den Weg zum Frieden in dieser ganzen Schöpfung«, sagen sie, »ist uns Jesus Christus vorangegangen. An ihm, unserem Herrn, sehen wir zugleich, daß dieser Weg über das Kreuz führt.« »In Jesus Christus, der Mitte, ist die Feindschaft aufgehoben. Die Mitte ist die strahlende Herrlichkeit des Friedens Gottes.«

Der erste Schritt dieser Feier ist darum nicht die Dokumentation des Unglücks, sondern die Freude an der Schönheit der Erde. Der zweite Schritt ist nicht die Anklage, sondern die Trauer, die die Erde selbst anstimmt, die der Mensch hört und Gott gegenüber aufnimmt. Der dritte Schritt spricht von der Heilung der Wunden der Erde durch den heiligen, den heilenden Geist. Der vierte Schritt ist eine Bitte für uns selbst, die so gewandelt werden sollen, daß wir die schützende und bewahrende Liebe aufbringen für alle Geschwister unter Menschen, Tieren und Pflanzen. Der fünfte Schritt ist die Zuversicht, daß Gott eine neue Erde schaffen wird, in uns selbst aber das neue Herz, in dem Christus lebt.

In der Überlieferung indianischer Völker lebt ein uraltes Ritual, das Ritual der fünf Pfähle. Ein Pfahl wird in die Erde eingeschlagen und nach den vier Himmelsrichtungen in wenigen Metern Abstand je ein weiterer Pfahl. Wird nun eine Entscheidung gesucht, die für das Leben eines Volkes wichtig ist, so wandert der Häuptling zuerst einen stundenweiten

Weg von der Mitte dieses Kreuzes aus nach Westen in die Richtung der reinigenden Wasser und wieder zurück zur Mitte. Von da nach Norden nach der Richtung des belebenden Windes und wieder zur Mitte. Von da nach Osten zur Richtung der Erleuchtung des Geistes und wieder zur Mitte. Von da nach Süden nach der Richtung des rechten Handelns und wieder zurück. Dann wird die Entscheidung getroffen.

Die indianischen Frauen haben diese Kreuzform aufgenommen. Ihnen ist die Mitte Christus. Von da gehen sie ihren Weg nach Westen in die Richtung der Neugeburt aus der Taufe, dann nach Norden in die Richtung des lebenschaffenden Geistes Gottes, dann nach Osten in die Richtung des Christus, des Morgensterns, in welchem alle Erkenntnis beschlossen ist, dann nach Süden in die Richtung der Christusnachfolge, und am Ende preisen sie den Gott, der den neuen Himmel und die neue Erde verheißen hat.

Empfinden wir die Worte, die diese Feier enthält, als fremd? Dann sind sie offenbar um so nötiger, um uns aus unseren Gedankenlosigkeiten zu reißen.

Etwa der Eingang des ersten Teils:

»Freunde, ihr alle: Es ist der Wille des Großen Gottes, daß wir an diesem Tag zusammenkommen. Gottes Geist ordnet alle Dinge und gibt uns einen guten Tag für unser Zusammensein. Der Schöpfer nimmt die Umhüllung von der Sonne und läßt seine Herrlichkeit für uns erstrahlen. Für alles, was ist, bringen wir Dank dem einzigen, den wir ›Herr‹ nennen.«

Oder im zweiten Teil das überraschende Zitat aus dem Propheten Joel:

»Höret dies, ihr Ältesten, und horchet auf, all

ihr Bewohner des Landes! Ist solches je geschehen in euren Tagen oder in den Tagen eurer Väter?

Erzählen sollt ihr davon euren Kindern, und eure Kinder wieder ihren Kindern, und deren Kinder dem künftigen Geschlecht!

Wehklaget! Verwüstet ist das Feld, es trauert der Acker, die Ernte des Feldes ist dahin.

Der Weinstock ist verwelkt, verdorrt sind die Bäume des Feldes, und entschwunden ist die Freude aus den Herzen. Verschrumpft sind die Samenkörner unter den Schollen, verödet die Speicher, die Scheunen sind verfallen, ach, wie die Tiere seufzen!

Alle Bewohner des Landes sollen erbeben, denn der Tag des Herrn kommt, er ist nahe.

Wie der Garten Eden war das Land, ehe sie kamen, und nach ihnen ist nichts als Öde und Wüste, nicht einmal einen Rest haben sie übriggelassen.«

Oder die Klage der Erde, die der hörsame Mensch vernehmen soll:

»*Stimme:* Hört, meine Kinder. Der Geist, der über das trockene Land hinwegging, ist nicht zufrieden. Ich bin durstig. Hört ihr mich?
Alle: Wir hören, Mutter Erde, sprich.
Stimme: Der Geist, der die Wasserläufe und Meere gefüllt hat, ist nicht zufrieden. Ich ersticke unter Abfall und Schmutz. Hört ihr mich?
Alle: Wir hören, Mutter Erde, sprich.
Stimme: Der Geist, der der Erde Schönheit verliehen hat, ist nicht zufrieden. Ich werde mißbraucht und häßlich. Hört ihr mich?
Alle: Wir hören, Mutter Erde, sprich.
Stimme: Der Geist, der alle Geschöpfe hervorgebracht hat, ist nicht zufrieden. Meine Geschöpfe werden vernichtet. Hört ihr mich?
Alle: Wir hören, Mutter Erde, sprich.

Stimme: Der Geist, der den Menschen Leben gegeben hat und einen Weg, auf dem alle miteinander gehen können, ist nicht zufrieden: Ihr verliert eure Menschlichkeit, und eure Spur weicht vom Pfad ab. Hört ihr mich?
Alle: Wir hören, Mutter Erde.«

Haben wir noch ein Empfinden für das Niveau, das uns aus der Rede Seattles entgegenkommt, die in dieser Feier gelesen wird?

»Es ist unwichtig,
wo wir den Rest unserer Tage verbringen.
Ein paar Monde noch; ein paar Winter –
und keiner der Nachfahren dieser großen Stämme,
die einst über das weite Land zogen
und in Frieden zusammenwohnten,
beschützt vom Großen Geist,
keiner wird mehr übrig sein
und an den Gräbern eines Volkes trauern,
das einst mächtiger
und hoffnungsvoller war als eures.
Aber warum sollte ich
über das vorzeitig vollendete
Geschick meines Volkes klagen?
Stämme folgen auf Stämme
und Nationen auf Nationen
wie die Wellen des Meeres.
Es ist die Ordnung der Natur.
Die Zeit des Niedergangs mag noch ferne sein,
doch sie kommt gewiß für jeden.
Keiner ist ausgenommen
vom gemeinsamen Schicksal.
So werden wir schließlich
doch Geschwister sein.
Wir werden sehen.«

Oder können wir begreifen, daß das im dritten Teil gesprochene Gebet uns gilt?

»*Eine:* Und der Herr erschien Salomo des Nachts und sprach zu ihm: ... Siehe, wenn ich den Himmel verschließe, daß es nicht regnet, oder die Heuschrecken das Land fressen oder eine Pest unter mein Volk kommen lasse und dann mein Volk, über das mein Name genannt ist, sich demütigt, daß sie beten und mein Angesicht suchen und sich von ihren bösen Wegen bekehren, so will ich vom Himmel her hören und ihre Sünde vergeben und ihr Land heilen.

Eine: Gott, Großer Geist, dein trockenes Land dürstet. Hilf uns den Weg finden, der dein Land erquickt.

Alle: Wir bitten um deine Kraft, das Land zu erquicken.

Eine: Gott, Großer Geist, deine Gewässer erstikken unter Abfall und Schmutz. Hilf uns den Weg finden, daß sie wieder rein werden.

Alle: Wir bitten um deine Erkenntnis, damit wir den Weg finden, wie sie wieder rein werden.

Eine: Gott, Großer Geist, deine schöne Erde wird häßlich, weil wir sie mißbrauchen. Hilf uns den Weg finden, der die Schönheit deiner Schöpfung wieder leuchten läßt.

Alle: Wir bitten um deine Stärke, damit wir dem Werk deiner Hände die Schönheit wieder zurückgeben.

Eine: Gott, Großer Geist, deine Geschöpfe werden vernichtet. Hilf uns den Weg finden, wie sie wieder in Fülle gedeihen können.

Alle: Wir bitten um deine Macht, damit der Reichtum der Erde wieder ersteht.

Eine:	Gott, Großer Geist, die Gaben, die du uns gibst, gehen unter in Eigennutz und Vergeudung. Hilf uns, das rechte Maß unseres Menschseins wiederzufinden.
Alle:	Wir bitten um deine Weisheit, damit wir Menschen in deinem Sinne werden.
Eine:	Alle Schätze der Weisheit und Erkenntnis liegen in Christus bewahrt.«

Oder das Gebet im vierten Teil:

»*Alle:*	Großer Gott, gib uns ein verständiges Herz:
Eine:	damit wir von deiner Schöpfung nicht mehr nehmen, als wir geben, damit wir sie nicht willkürlich zerstören nur um unserer Habgier willen, damit wir uns nicht weigern, ihre Schönheit mit unseren Händen zu erneuern, damit wir niemals von der Erde nehmen, was wir nicht wirklich brauchen.
Alle:	Großer Gott, gib uns Herzen, die verstehen:
Eine:	daß wir Verwirrung stiften, wenn wir die Musik der Erde stören; daß wir blind für ihre Schönheit werden, wenn wir ihr Angesicht verunstalten, daß wir ein Haus voll Gestank haben, wenn wir gefühllos ihren Wohlgeruch verderben.
Alle:	Ja, Herr, wenn wir sorgsam mit der Erde umgehen, sorgt sie für uns.«

Oder die Meditation im fünften Teil:

»*Eine:*	Alles, was in den Himmeln und was auf der

Erde ist, wird zusammengefaßt werden bei der Erfüllung der Zeiten auf diese Mitte hin.

Alle: Christus spricht: Ich bin der Weg und die Wahrheit und das Leben.

Eine: Laßt uns nun unser Gebet in die vier Himmelsrichtungen schicken und uns dann wieder zur Mitte kehren. Zuerst schauen wir zur Mitte.

Stille zur Besinnung.

Eine: Wir wenden uns nach Westen.
Von Westen strömen reinigende Wasser. Wir bitten, daß der Atem Gottes wieder über die Wasser wehe und sie rein mache, damit sie Leben bringen.

Alle: Wir bitten, Gott, reinige auch uns und gib uns neues Leben durch das Wasser und den Heiligen Geist.

Eine: Wir schauen wieder zur Mitte.

Stille zur Besinnung.

Eine: Wir wenden uns nach Norden.
Von Norden kommt der läuternde Wind. O Gott, dich haben die Menschen Atem, Wind und Leben genannt. Wir bitten:

Alle: Läutere die Luft, die wir atmen, damit überall auf Erden das Leben gedeihen kann.

Eine: Wir schauen wieder zur Mitte.

Stille zur Besinnung.

Eine: Wir wenden uns nach Osten.

Von Osten kommt mit der aufgehenden Sonne Erkenntnis und Weisheit. Wir bitten:

Alle: Laß uns klug werden, o Gott, im Umgang mit den Gütern der Erde; schaffe Gerechtigkeit, so daß wir geben, was an uns ist, und dankbar unseren Teil empfangen.

Eine: Wir schauen wieder zur Mitte.

Stille zur Besinnung.

Eine: Wir wenden uns nach Süden.
Von Süden her führt der Weg zu Ursprung und Vollendung des Lebens. Wir bitten:

Alle: daß wir auf guten Wegen wandeln, o Gott; daß wir auf dieser Erde wie Geschwister leben; daß wir einander erfreuen, einander im Leiden ertragen und so dein Wille geschieht, der das Antlitz der Erde erneuert. Amen.

Eine: Wir schauen zur Mitte.

Stille zur Besinnung.

Eine: Und ich sah einen neuen Himmel und eine neue Erde, denn der erste Himmel und die erste Erde sind vergangen, auch das Meer ist nicht mehr. Und ich hörte eine mächtige Stimme vom Throne her sprechen:
Siehe, das Zelt Gottes unter den Menschen. Und er wird bei ihnen sein Zelt aufschlagen, und sie werden seine Völker sein, und er selbst, Gott mit ihnen, wird ihr Gott sein. Und er wird abwischen jede Träne von ihren Augen, und es wird keinen Tod mehr geben, auch keine Trauer, keinen Klageschrei, keine Mühsal wird es mehr ge-

ben, denn das Frühere ist vorbei. Und der auf dem Throne saß, sprach: Siehe, ich mache alles neu!«

Die Liturgie schließt mit dem wunderbaren Segensspruch der Navaho, nun neu gefüllt mit dem Glauben an den Christus, der in uns geboren wird und in uns lebt:

»*Alle:* Wir gehen hinaus mit der Hoffnung, daß Gottes Kraft in uns und auf Erden wirkt.

Eine: Jetzt, redender Gott, laufe ich mit Füßen, die dein sind, gehe ich mit Gliedern, die dir gehören, trage deinen Körper, Schritt für Schritt; wenn ich denke, so denkt dein Geist; wenn ich spreche, so spricht deine Stimme. Schönheit liegt vor mir, und Schönheit ist hinter mir, über und unter mir schwebt der Geist der Schönheit, ich bin umgeben von ihm, ganz in ihn eingetaucht. In meiner Jugend bin ich mir seiner bewußt, und in meinem Alter gehe ich ruhigen Herzens den schönen Pfad.«

Unter Theologen läge es nun nahe, die Unbußfertigkeit und Rechthaberei zu geißeln, die deutsche christliche Gruppen veranlaßt haben, diese Liturgie als »heidnisch« oder »magisch« zu verwerfen und eine eigene, deutsche Feier anzubieten. Ein Mann vom Range und der menschlichen Feinfühligkeit Seattles würde dazu etwa sagen:

»Es ist unwichtig, über die Wege zum Frieden zu streiten. Ein paar Winter noch, und das Elend wird so unübersehbar sein, daß auch die Europäer es erkennen. Die Zeit des Niedergangs mag noch fern sein, doch sie kommt gewiß. Keiner wird vom gemeinsamen Schicksal ausgenommen sein. So werden wir, christliche Indianer und deutsche Pietisten, schließlich doch Geschwister sein. Wir werden sehen.«

Ein Traum von einer vertrauenden Kirche

Eine der eindrücklichsten Deutungen der Geschichte von der Himmelfahrt schuf die alte Kirche. An dem Weg, auf dem die Jünger mit ihrem Meister ein letztes Mal nach Bethanien gingen, auf der Höhe des Ölbergs, steht heute eine kleine Moschee. Sie steht auf den Mauern einer sehr alten Kirche. Ein achteckiger Rundbau stand hier früher, und er hatte, das ist das Einzigartige, kein Dach. In einem Kirchenraum, über dem nur der Himmel war, gedachte die alte Kirche der Himmelfahrt Christi. Die Moslems haben später eine Kuppel darübergesetzt.

Aber mir scheint, die Baumeister des 4. Jahrhunderts, die hier ihre Idee von einer Kirche ohne Dach gestalteten, hätten etwas Großartiges entworfen. Was wäre das für eine Kirche, die die Geschichte von der Himmelfahrt Christi zu ihrem eigenen Muster nähme? Was wäre das für eine Kirche, der sich der Himmel öffnete? Von der aus wir hindurchschauen könnten durch die Grenzen und Schranken unserer vielen Kirchen auf die eine Kirche, die einer Abgrenzung gegen die Welt nicht mehr bedürfte?

Was wäre das für eine Kirche, die frei wäre von dem Überbau, den die Theologie der Männer seit zweitausend Jahren immer und immer wieder neu erfindet und konstruiert, während die Menschen sich danach sehnen, den offenen Himmel zu sehen!

Der offene Himmel, in den Christus einging, ist einen Traum wert. Ich träume manchmal von einer

Kirche, die ihr Dach verliert und statt dessen nur den Himmel über sich hat und die Wolken, den Glanz der Sonne und das zarte Leuchten der Sterne bei Nacht.

Ich träume von einer Kirche, die keinen Turm hat und keinen Turm braucht. Denn niemand braucht nach oben zu weisen. Das Licht des Himmels ist allen Augen sichtbar. Ich träume von einer Kirche, die keine Türen hat und schon gar keine Schlösser an ihren Türen. In die wir hineingehen können oder hinaus, in voller Freiheit, weil das Innen und das Außen eins sind. Ich träume von einer Kirche, deren Wände sich auflösen und sich verlieren, so, daß das Licht von allen Seiten eindringt; von einer Kirche, in der Freiheit ist, die sich selbst und ihre Grenzen und Wände nicht wichtig findet, die ihr Dach und ihre Wände und Pfeiler dem Glanz des Himmels zum Opfer bringt. Ich träume von einer Kirche, die durchscheinend wie Glas ist. Oder noch mehr: von einer Kirche, die so offen und so frei ist wie die Welt selbst. Denn die Kirche ist doch wohl nicht eine Institution innerhalb der Welt. Sie ist vielmehr die Welt selbst, so weit in ihr das Wort von Christus ergeht.

Man soll Träume nicht mit Wirklichkeiten verwechseln. Aber man soll die Wirklichkeit auch nicht für wirklicher halten als die Träume. Nichts verändert die Welt so gründlich, wie Träume es tun.

Noch leben wir in einer Welt, in der die Häuser Wände und Dächer brauchen. Aber dies können wir wissen: daß die Kirche nicht das Reich ist und daß wir das Reich suchen über die Kirchen dieser Welt hinaus. Die Kirche ist ein Zeichen dessen, das werden soll, nicht eine Beschreibung dessen, was ist. Die Zukunft ist offen, und ihr ohne Angst entgegenzugehen ist möglich, denn die Zukunft trägt den Namen Christus. Die Offenheit der Kirche aber ist das Zeichen ihrer Gewißheit.

Durchlässigkeit

Ich sitze gelegentlich vor einem niedrigen Heidelbeerbusch und betrachte das Geäder der Blättchen und das Licht, das durch die zarte Haut zwischen den Blattadern fällt. Die Bibel sagt, die Herrlichkeit Gottes sei in allen Dingen. Das Durchscheinende an den Dingen sei das Licht aus Gott, und die Würde der Dinge – und auch der Menschen – sei, daß sie durchlässig seien für die Herrlichkeit Gottes.

Wir haben nicht die Augen, Gottes Licht zu schauen. Aber wir leben in einer Welt, die Gleichnisse hat, und sei es nur das rote Blättchen am Ast eines Heidelbeerbuschs.

Komm, Gott Schöpfer, Heiliger Geist

Frage:
Ist noch Hoffnung?

Es kann noch etwas aus uns werden. Wir sind keine Steine, die daliegen und die nur noch abgeschliffen oder zerbrochen werden können. Wir tragen in uns die seltsame Kraft, die einem Samenkorn sagt: Du kannst wachsen. Du hast noch etwas vor dir, du bist noch zu etwas berufen. Vertraue dich dieser Kraft an. Es ist dieselbe Kraft, die diese ganze Welt hervorgebracht hat: der Geist Gottes.

Ein Brausen von oben

»Als fünfzig Tage nach Ostern
der Morgen des Pfingstfestes anbrach,
waren sie alle in einem Haus beieinander.
Plötzlich kam ein Brausen über sie,
als überfiele sie ein gewaltiger Sturm,
und erfüllte das ganze Haus, in dem sie saßen.
Feuer sahen sie, in Flammen zerrissen.
Der Geist ließ sich auf jeden von ihnen nieder,
heiliger Geist erfüllte sie alle,
und sie begannen, fremdartige Laute zu stammeln,
wie sie ihnen der Geist eingab ...
und die Leute, die zusammenliefen,
hörten sie die fremden Worte rufen
und verstanden sie dennoch.«
(Apostelgeschichte 2,1–4. 6)

Ein Brausen bricht los wie ein Sturmwind. Das ganze Haus, Zufluchtsort eines ängstlichen Häufleins verschüchterter Menschen, ist voll davon. Feuer fällt herab oder herein, und sie sind verwandelt. So berichtet die Schrift über die Entstehung der ersten Christengemeinde.

Seit Wochen hatten sie gewußt, daß der Meister lebte, aber das Wissen verwandelte sie nicht, die Erfahrung bewirkte nicht, daß irgend etwas von ihnen auf andere Menschen übersprang. Sie waren eine Gemeinschaft, sie hielten zusammen, aber was sie verband, war eine Erinnerung. Es setzte sie nicht in Bewegung. Es schützte sie nur vor den anderen, es grenzte sie aus einer gefährlichen Welt aus. Und nun fällt »von oben her« etwas herein, Feuer, sagen sie, und etwas Neues entsteht: Fünfzig Tage nach Ostern ist sie da, die Gemeinschaft der Gerechten und Ungerechten, der Armen, der Bedrohten und Ausgestoßenen, derer, die nach Freiheit hungern, nach Erlösung, nach Gerechtigkeit, nach dem Reich, nach einem fühlbaren Zeichen der Nähe Gottes: die Kirche. Eine Kirche freilich, die nicht aus dem Gestern lebt, sondern aus dem Morgen, aus der Zukunft.

Ich wage es kaum auszudenken, was geschähe, wenn die Christenheit plötzlich anfinge, an die Gegenwart des Geistes Gottes zu glauben. Wenn sie glauben könnte, daß das Leben nicht aus Gewohnheiten besteht, sondern aus Einbrüchen, aus plötzlichen Erfahrungen und Erkenntnissen, die neu und anders sind als alles Gewohnte. Ich wage mir kaum auszudenken, was mit der Christenheit geschähe, wenn sie plötzlich einen lebendigen Gott erführe, einen Gott, der heute bei ihr ist, um sie her, ihr voraus. Einen Gott, der Wege zeigt und Neues vor die Augen der Menschen stellt.

Es ist kaum auszudenken, was es für die Menschheit, auch für die Menschen in unserem Land, bedeuten könnte, wenn die Christen die Probleme dieser Zeit mit neuen, offenen Augen anschauten und dann sagten: Im Namen Gottes: Wir gehen einen anderen, einen neuen Weg. Wir lassen unsere Gewohnheiten, unsere Ansprüche und unsere Gedankenlosigkeit hinter uns und gehen, ärmer, aber von Hoffnung getragen und vom Geist Gottes geführt, in eine offene Zukunft.

Das Gleichnis des Baums

Wir standen einmal an einem Pfingstfest auf einer Waldwiese auf der Schwäbischen Alb, hoch über einem wunderbaren Tal, und feierten Gottesdienst.

Und weil Pfingsten etwas zu tun hat mit dem Wachstum eines neuen Wesens in uns Menschen und in unserer Welt, darum haben wir mit Kindern zusammen einen Baum gepflanzt.

Wir lasen im Psalter:

»Singt dem Herrn ein neues Lied!
Singt dem Herrn, alle Welt.
Singt dem Herrn und rühmt ihn,
verkündigt von Tag zu Tage sein Heil.
Schildert unter den Völkern seine Herrlichkeit,
erzählt von seinen Wundern allen Menschen.

Der Himmel freue sich,
und die Erde sei fröhlich.
Es brause das Meer und was es erfüllt.
Das Feld sei fröhlich mit all seiner Frucht,
und jauchzen sollen alle Bäume des Waldes
dem Herrn entgegen, denn er kommt.
Er kommt, die Erde zu heilen.
Er heilt die Welt durch Gerechtigkeit
und die Völker mit seiner Wahrheit.«
(Psalm 96,1–4. 11–13)

Und:

»Ich will Wasser gießen auf das Durstige
und Ströme auf das Dürre:
Ich will meinen Geist auf deine Kinder gießen
und meinen Segen auf deine Nachkommen,
daß sie wachsen sollen
wie Gras zwischen Wassern,
wie die Weiden an den Wasserbächen.
Dieser wird sagen: ›Ich bin des Herrn‹,
und jener wird in seine Hand schreiben:
›Dem Herrn eigen‹.«
(Jesaja 44,3–5)

Wir merkten, daß der Geist Gottes etwas mit Wachstum und Gedeihen zu tun hat und daß das Gleichnis vom Baum uns miteinander anging. Wir merkten, daß, was groß und fruchtbar sein soll, klein und unscheinbar beginnt, daß es aber wächst, wenn es von Gottes schöpferischem Geist erfüllt ist, und zwar mit derselben rätselhaften Kraft, die auch die Bäume um uns her zu dem gemacht hat, was sie sind.

Wir sangen miteinander:

»Mach in mir deinem Geiste Raum,
daß ich dir werd ein guter Baum,
und laß mich Wurzel treiben;
verleihe, daß zu deinem Ruhm
ich deines Gartens schöne Blum
und Pflanze möge bleiben.

Erwähle mich zum Paradeis
und laß mich bis zum letzten Reis
an Leib und Seele grünen,
so will ich dir und deiner Ehr
allein und sonsten keinem mehr
hier und dort ewig dienen.«

Während dieses Liedes pflanzten die Kinder unter Anleitung eines Försters eine Linde und lasen das Gleichnis Jesu vom wachsenden Senfbaum:

»Das Reich Gottes ist wie ein Senfkorn.
Das nimmt einer und wirft es auf sein Feld.
Es ist das kleinste von allen Samenkörnern.
Wenn es aber aufwächst, dann wird es
größer als alle Gartenstauden
und schließlich so groß wie ein Baum,
so daß die Vögel kommen
und sich in seinem Gezweig Nester bauen.«
(Matthäus 13,31–32)

Das Gleichnis vom wachsenden Baum sagt: Es kann noch etwas aus uns werden. Wir sind keine Steine, die daliegen und die nur noch abgeschliffen oder zerbrochen werden können. Wir tragen in uns die seltsame Kraft, die einem Samenkorn sagt: Du kannst wachsen. Du hast noch etwas vor dir, du bist noch zu etwas berufen. Vertraue dich dieser Kraft an. Es ist dieselbe Kraft, die diese ganze Welt hervorgebracht hat: der Geist Gottes, der noch etwas mit dir vorhat. Wenn wir einen Baum pflanzen als Gleichnis für das Menschenleben, dann sagen wir: Dieser Baum hat noch nicht seine endgültige Größe und Gestalt. Er wird wachsen. Er wird Blätter hervorbringen. Blüten. Samen. Er wird die Jahreszeiten durchstehen, bis er seine volle Form und Art hat. Bis, wie Jesus sagt, die Vögel kommen und in seinem Gezweig Nester bauen.

Es wird Zeit, daß wir den großen Zusammenhang sehen. Denn der Geist Gottes ist an seinem schöpferischen und verwandelnden Werk auch rund um uns her. Es wächst kein Same ohne Gottes Geist. Es formt sich kein Blatt ohne Gottes Geist. Es reift keine Traube ohne Gottes Geist. Und es wächst aus dem Zerfall alter Bäume keine junge Pflanze ohne Gottes Geist. Auch Pfingsten, wenn es denn keine leiblose und kraftlose Erinnerungsfeier sein soll, muß die Welt ins Auge fassen, muß den Menschen einbeziehen in das umfassende und stete Wirken des Geistes Gottes überall in und mit den Dingen und Wesen dieser Welt.

Aber wie macht sich das bemerkbar, wenn ein Mensch den Geist Gottes empfängt im Bewußtsein, daß der Geist Gottes in ihm und in allem Wachsen und Werden und Sichwandeln um ihn her am Werk ist?

Die erste Gemeinde sprach von den »Gaben des

Geistes« und meinte damit: Wo der Geist am Werk ist, da wird ein Mensch fähig, ungewohnte Gedanken zu fassen. Da wird er fähig, etwas zu tun, zu dem er sonst nicht die Kraft hätte. Da gewinnt er eine Zuversicht, die er sonst nirgends herbekäme. Da wird er sich selbst ändern, und da wird er seine Umwelt ändern. Was er dann tut, das ist der Ausdruck nicht seiner Wünsche, sondern seiner Hoffnung. Das ist Ausdruck der Liebe, die er empfangen hat. Was er tut, drückt nicht sein Interesse aus, sondern seine Verantwortung. Er vermag seinen Glauben in Worte zu fassen und ihn anderen Menschen gegenüber auszusprechen. Ein Mensch, in dem der Geist Gottes sein Werk angefangen hat, gewinnt die Kraft, zu bewegen, zu steuern, zu ordnen, weiterzuführen, zu heilen und zu versöhnen. Im Grunde ist christliches Handeln nichts weiter als ein Leben aus dem Vertrauen, daß aus einem kleinen Impuls eine lang hindauernde Wirkung entstehen kann. Wer etwas tut, das Gottes Geist ihm eingibt, pflanzt gleichsam etwas in die Welt in dem Vertrauen, daß die Kraft aus Gott darin weiterwirken wird.

Christus ist »zum Himmel aufgefahren«. Das bedeutet: Es kann für uns nicht ausreichen, das Zweckmäßige, das Machbare zu tun, das im Augenblick Notwendige. Es gibt für uns einige Gesichtspunkte, die nicht an den Erfordernissen des Tages abzulesen sind, sondern sozusagen senkrecht von oben kommen. Denn Christus »sandte den Geist«. Das »Obere« soll ins »Untere« gelangen, das Künftige ins Gegenwärtige, und christliches Handeln beruht auf dem Glauben an den schöpferischen Geist.

Ein Turmbau

Es gibt ein Gegenbild zur Pfingstgeschichte. Die Pfingstgeschichte redet davon, daß, was wirklich gedeihen soll, durch den Geist Gottes gedeiht, der »von oben nach unten« kommt. Der Geist bewegt sich abwärts und schafft Fruchtbarkeit. Das Gegenbild spricht davon, der Mensch habe offenbar das Urbedürfnis, in der umgekehrten Bewegung zu stehen und sein Werk von der Erde in den Himmel hinauf zu treiben mit seinem eigenen Geist. Es ist die uralte Geschichte vom Turmbau zu Babel.

»Damals hatte alle Welt einerlei Sprache
und einerlei Worte.
Als die Menschen nun aus dem Osten herbeizogen,
fanden sie eine Ebene im Lande Sinear
und siedelten sich dort an.
Sie sprachen zueinander:
›Wohlan! Laßt uns Ziegel formen und brennen!
Laßt uns eine Stadt bauen und einen Turm,
dessen Spitze bis an den Himmel reicht,
denn wir wollen uns einen Namen machen
und nicht zerstreut werden in alle Länder.‹
Da fuhr der Herr herab, sich die Stadt zu besehen
und den Turm, den die Menschen gebaut hatten,
und er sprach: ›Ein Volk sind sie alle,
eine Sprache sprechen sie,
und dies alles ist der Anfang erst ihres Tuns.
Nichts wird ihnen unmöglich sein,
was immer sie planen.
Wohlan! Laßt uns hinabfahren
und ihre Sprache verwirren,
daß keiner die Sprache des anderen versteht!‹
So zerstreute der Herr sie von dort

über die ganze Erde,
und sie mußten aufhören mit dem Bau ihrer Stadt.«
(1. Mose 11,1–9)

Es ist die Geschichte von dem großen Unternehmen der Menschen, etwas zu bauen, das größer sein sollte als alles, was sonst auf dieser Erde entstanden war, größer als die Bäume, die die Natur hervorbringt, größer als die Berge, die die Köpfe der Menschen überragen. Es ist erstaunlich, daß vor dreitausend Jahren Menschen schon empfanden, sie könnten sich übernehmen an ihren Plänen, an ihren Errungenschaften, an ihrem Können und ihren Energieleistungen.

Es muß alles wachsen, sagten die Leute von Babylon. Es darf keine Grenzen geben für das Können des Menschen. Keine Grenzen für seine Macht. Keine Grenzen für seine technische und wirtschaftliche Aufblähung. Grenzen des Wachstums gibt es nicht. Hinter der Maßlosigkeit der Leute von Babylon aber stand Angst: »Wir müssen sehen, daß unser Turm immer größer wird«, sagten sie, »sonst werden wir zerstreut.« Wenn nicht mehr alles wächst, bleibt uns nur der Abgrund. Und über diesem Werk kam es in der Tat zur Katastrophe. Sie mußten aufhören. Sie wurden zerstreut, und sie mußten wieder anfangen, auf dieser Erde ihr bescheidenes Tagewerk zu tun.

Im Grunde ist, was Jesus tat, der Gegenentwurf zum Turmbau zu Babel, und nichts ist ihm so fremd wie der Wettbewerb der Gesunden und Leistungsfähigen um die immer höheren Türme. Und es ist schon makaber, daß dieser Jesus in unserer christlichen Gesellschaft sozusagen der Schutzpatron der tausend babylonischen Turmbauten geworden ist, die rings um uns aufgerichtet werden, und das »Immer mehr«, das »Immer höher«, das »Immer imposanter« sozusagen der Hauptbeitrag der Christen an der Entwicklung des Menschen ist.

Jesus hat sich mit großer Entschiedenheit denen zugewandt, die beim Bauen von Türmen nicht mitkommen. Wenn er unser Land in seinem heutigen Zustand sähe, dann würde er wahrscheinlich fragen: Was soll ich mit all dem zu tun haben? Mit diesem Haben und Besitzen, diesem Raffen und Schaffen, mit diesem Ausbeuten und Zerstören, mit diesem Kampf aller gegen alle? Er würde wieder zu denen gehen, die am Rande unseres Interesses liegen, und sein Schicksal wäre wahrscheinlich wieder, daß er den staatlichen und kirchlichen Hütern von Sitte und Ordnung zum Opfer fiele.

Der Geist und das Reich

Vor fast zweitausend Jahren trat Jesus Christus an die Öffentlichkeit mit seiner ungeheuerlichen Vision. Heute, so rief er aus, heute ist der Himmel offen. Heute fährt der Geist Gottes herab. Heute macht uns der Geist zu Söhnen und Töchtern Gottes. Das Reich ist nahe herbeigekommen. Die Zeit des Heils bricht an. Die neue Schöpfung aus dem Geist beginnt. Diese Erde, auf der der Kampf aller gegen alle tobt, wird sich in ein Reich verwandeln, in dem Gottes Wille gilt. Das Herz des Menschen wird ihm Raum geben und mit anderen Menschen zusammen Gerechtigkeit suchen.

Ich möchte gerne, daß wir den Traum Christi weiterträumen. Daß wir so wach, wie wir nur in diesem Traum sind, in das Reich des Vaters eintreten und daß sich uns dabei die Gemeinschaft der Christen öffnet. Die Gemeinschaft der Menschen. Die Gemeinschaft aller Kreaturen. Alle Grenzen sind, wo es um das Gottesreich geht, die Unwahrheit. Damit am Ende, wie Jesus gesagt hat, alle eins seien; eins im Geist, eins in ihm. Eins in Gott, dem Schöpfer und Vollender dieser Welt.

Was wir an den Bäumen um uns her an Schönheit wahrnehmen, ist Geist aus Gott. Und die Schönheit dieser Welt deutet voraus auf die Vollendung, die dieser Welt und die uns Menschen bevorsteht, durch den schöpferischen Geist. Die Freude, die wir dabei empfinden, nimmt das Ziel vorweg, den Frieden zwischen den Geschöpfen und den Frieden zwischen Gott und uns.

Der Geist ist das Geheimnis des Menschenlebens. Wer nach dem Sinn fragt, wird am Ende vom Geist Gottes reden müssen, oder er hat keine Antwort. Wer vom Besonderen des Menschen in der Schöpfung redet, wird vom Geist Gottes reden müssen. Wer vom Werk des Menschen reden will und was an ihm segensreich und heilvoll sein kann, der wird vom Geist Gottes in uns Menschen reden müssen, oder er muß der Schöpfung wünschen, daß der Mensch, sobald es geht, von dieser Erdoberfläche verschwindet, damit die Kreatur wieder leben kann.

Treibt uns wirklich der Geist Gottes, dann treten wir nicht nur für die Freiheit der Christen ein, sondern für die Freiheit der Menschen. Dann kämpfen wir nicht nur um die Versöhnung zwischen den Konfessionen, sondern um die Versöhnung zwischen den Völkern und den Machtblöcken. Treibt uns der Geist Christi, dann haben wir Freundlichkeit nicht nur für Freunde, dann beziehen wir vielmehr den Feind mit ein. Dann machen wir nicht nur den Menschen Mut, mit denen wir verbunden sind, sondern geben dieser ganzen entmutigten, resignierten, tristen Menschheit die Hoffnung, die sie zum Leben braucht. Treibt uns der Geist, dann richten wir unsere Hoffnung nicht nur auf ein Reich, das später ist und das am Ende kommt, sondern wir rufen das Reich Gottes herein in das Gefüge der Reiche dieser Erde.

Treibt uns der Geist Gottes, dann werden wir ein Bekenntnis formulieren, das unsere Zeit fordert, das Bekenntnis zu Gott, dem Schöpfer, dessen Kreatur vor unserer Eigensucht zu bewahren die große künftige Aufgabe der Glaubenden sein wird. Denn Gott ist es, der sie geschaffen hat. Christus ist es, der um ihrer Erlösung und Befreiung willen gelitten hat. Der Geist ist es, der uns einsetzt zu Söhnen und Töchtern Gottes und der uns aufs neue den uralten, uranfänglichen Auftrag gibt, diese Erde zu bauen und zu bewahren, zum Trost und zur Hoffnung nicht nur der Menschen, sondern aller Geschöpfe.

Leben in einem Kraftfeld

Ich stehe gelegentlich vor einer Landschaft und sehe zu, wie Wolkengebirge sich bilden oder vergehen oder Türme von Wolken sich aufbauen, und versuche, die Kräfte zu empfinden, die da am Werk sind.

Man kann diese elementaren Energien nicht malen. Man kann sie kaum in Worte fassen, auch wenn man mit den physikalischen Vorgängen im Wettergeschehen vertraut ist. Aber man kann sie empfinden, aufnehmen und aus ihnen handeln. Man kann in einem Kraftfeld stehen und aus ihm leben.

Nichts anderes heißt glauben. Wer glaubt, daß Gottes Geist in dieser Welt und in ihm selbst am Werk ist, der kann denn auch hingehen und sich mit allen seinen Kräften freuen an dem, was stark ist und vital, was lebt und wirkt. Er kann sich freuen an allem, was schön ist, was leuchtet, was duftet, was klingt. Er kann sich der Erde zuwenden und sie lieben, und er wird etwas in die Erde pflanzen in der Hoffnung, daß der Geist noch am Werk ist.

»Meine Gedanken sind nicht eure Gedanken, und eure Wege sind nicht meine Wege, spricht der Herr, sondern so viel der Himmel höher ist als die Erde, so sind auch meine Wege höher als eure Wege und meine Gedanken als eure Gedanken.

Denn gleichwie der Regen und Schnee vom Himmel fällt und nicht wieder dahin zurückkehrt, sondern die Erde feuchtet und sie fruchtbar macht und Brot wachsen läßt, so soll das Wort, das aus meinem Munde geht, auch sein: Es wird nicht wieder leer zu mir zurückkommen, sondern wird tun, was mir gefällt, und ihm wird gelingen, wozu ich es sende.

Denn ihr sollt in Freuden ausziehen und im Frieden geleitet werden. Berge und Hügel sollen vor euch her frohlocken mit Jauchzen und alle Bäume auf dem Felde in die Hände klatschen.

Es sollen Zypressen statt Dornen wachsen und Myrten statt Nesseln. Und dem Herrn soll es zum Ruhme geschehen und zum ewigen Zeichen, das nicht vergehen wird.«

(Jesaja 55,8–13)

Es soll etwas von Frieden von euch ausgehen. Etwas von Hoffnung, etwas von neuen Anfängen, wo keiner mehr an neue Anfänge glaubt. Etwas von Zukunft, wo ganze Völker sich nur noch an ihrer Gegenwart festhalten können, weil sie sonst die Angst verschlingt. Es soll etwas von dem Gleichnis an euch sichtbar werden:

»Gesegnet ist der Mensch,
der sich auf den Herrn verläßt
und seine Hoffnung auf ihn setzt.
Der ist wie ein Baum,
am Wasser gepflanzt,
der seine Wurzeln zum Bach hinstreckt.
Wenn auch die Hitze kommt,
fürchtet er sich doch nicht,
sondern seine Blätter bleiben grün,
und er sorgt sich nicht,
wenn ein dürres Jahr kommt,
sondern bringt ohne Aufhören Früchte.«
(Jeremia 17,7–8)

Ich frage mich manchmal, ob unter den Christen, die bei uns politische oder wirtschaftliche Verantwortung tragen, nicht viel zu viele längst resigniert haben.

Wer etwas weiß vom Geist Gottes, der geht wacher durch die politische Landschaft, der erwartet noch freie Wege, wo alles in Sackgassen zu enden scheint. Der gibt die Hoffnung nicht auf und auch nicht die Arbeit an der Zukunft. Der geht auch durch sein eigenes Leben aufmerksamer, dankbarer, sensibler. Zum Staunen fähiger. Zum Verzicht bereiter.

Vielleicht ist es noch nicht zu spät.

Ein Lied von der Weisheit

»O Gott meiner Väter und Herr aller Güte,
der du alle Dinge gemacht hast
allein dadurch, daß du ihren Namen aussprachst,

du hast auch den Menschen
gebildet in deiner Weisheit,
daß er herrsche über deine Geschöpfe

und die Welt verwalte in Heiligkeit
und Gerechtigkeit
und sie mit wissendem Herzen in Ordnung halte.

Gib mir die Weisheit,
die nirgends zu finden ist als bei dir allein,
und schließe mich nicht
aus dem Kreise deiner Kinder aus.

Denn ich bin dein Knecht
und der Sohn deiner Magd,
ein schwacher Mensch,
dessen Leben rasch vorübergeht,
und weiß nicht genug über den rechten Weg
und die richtige Ordnung meines Lebens.

Und wenn auch jemand unter den Menschenkindern
vollkommen wäre,
so wäre er doch für nichts zu achten,
wenn ihm die Weisheit fehlte,
die aus dir entspringt.

Denn welcher Mensch weiß, was Gott plant?
Wer kann in seine Gedanken fassen, was Gott will?

Die Gedanken sterblicher Menschen sind ungewiß,
und unsere Pläne sind gefährlich.

Der schwache Leib ermüdet die Seele,
und die irdische Hütte
beschwert den zerstreuten Sinn.

Wir verstehen kaum, was auf Erden ist,
und erkennen nur schwer, was in den Händen ist.
Wer will das Himmlische erforschen?

Wie soll einer deine Weisung erfahren,
wenn du nicht Weisheit gibst
und deinen heiligen Geist aus der Höhe sendest?

So werden die Pfade der Erdbewohner richtig,
und die Menschen lernen, was dir gefällt,
und werden durch Weisheit gerettet.«

(Weisheit Salomos 9)

Verzeichnis der Bibelstellen

Quellennachweis

Seite 103–105: Abdruck mit freundlicher Genehmigung von Konrad Barner.

Der Text Seite 154–163 erschien zuerst in etwas anderer Gestalt in: »Sich auf Gott verlassen«, Hrg. R. Walter, Herder-Verlag 1980.

Die indianischen Texte Seite 163 ff. sind entnommen dem Vorbereitungsheft zum Weltgebetstag der Frauen 1981. Deutsches Komitee, Deutenbacher Straße 1, 8504 Stein (Mfr.)

Jörg Zink · Eine Handvoll Hoffnung

Biblische Reden

3. Auflage (31.–40. Tausend), 189 Seiten, kartoniert

»In diesen Texten, denen z. T. Bibelarbeiten der ev. und kath. Kirchentage 1978/79 zugrunde liegen, wird über die Bedeutung und Aussagekraft der uralten Bilder, Symbole und Gleichnisse der Bibel nachgedacht. Es geht um das Land, da Milch und Honig fließen, um die Arche Noah, die Speisung der Fünftausend, die ›Neue Stadt‹ von Offenbarung 21, um die Wiederkunft Christi, den ersten Menschen Adam und den vollendeten Christus. Schließlich werden wir getröstet mit dem Bild vom Geist Gottes, der den Brüdern Christi eine neue Gestalt bestimmt hat.

Immer wird deutlich, daß Angst überwunden wird, wenn der Mensch seinen Blick auf Gott (und Christus) richtet, ihm mehr vertraut als menschlichen Möglichkeiten. – Wunder bedeutet nicht Außerkraftsetzung von Naturgesetzen, sondern ein Ereignis an der Grenze unseres Erkennens, das auf eine andere Dimension hinweist und Hoffnung weckt.

Eine Hilfe für alle, die auf der Suche nach verständlicher Lebenshilfe in einer oft unverständlichen Umwelt sind.«

Der evangelische Buchberater

»›Dieses Buch geht einen Weg‹, so Jörg Zink im Vorwort, ›durch die vielen uralten Bilder, in denen die Bibel von unserer Zukunft spricht und von Sinn und Recht unserer Hoffnung. Bilder anzuschauen, das Herz für eine weitere, umfassendere, tiefere Sicht der Dinge zu öffnen, hinauszuschauen über die engen Räume und kurzen Entfernungen des Menschenlebens, das könnte ein Versuch sein, des Erlösenden innezuwerden. Und vielleicht bleibt uns bei unserem Versuch ein Weniges in der Hand: Eine Handvoll Hoffnung.‹«

Evangelische Impulse

Kreuz Verlag Stuttgart · Berlin

Jörg Zink · Licht über den Wassern

Geschichten gegen die Angst

2. Auflage (31.–45. Tausend), 224 Seiten, mit 111 Schwarzweißfotos und 37 Farbfotos, gebunden mit vierfarbigem Überzug

»Eines der wichtigsten Bücher zum Gespräch über den christlichen Glauben ...

Es ist für Leser gedacht, die bestimmten Erzählungen der Bibel hinter ihr Geheimnis kommen wollen. Jörg Zink zeigt sozusagen Modelle der Angstüberwindung, wie sie vor Jahrtausenden erstellt wurden, und macht sie transparent auf heutige Formen des Erleidens und Überwindens von Angst, Leid und Depression. Zugleich schildert das Buch den Hintergrund jener biblischen Geschichten mit Bildern aus der Umwelt des Nahen Ostens und gibt eine Anleitung, wie die Bilder und Symbole alter Erzählungen dem modernen Menschen wieder begreiflich und hilfreich werden können. Denn der Weg ins Vertrauen und in die Freiheit – davon ist Zink überzeugt –, wie er in den Bildern und Geschichten der Bibel gezeigt ist, ist auch für uns sogenannte moderne Menschen durchaus gangbar.«

Hamburger Abendblatt

Der Orient mit seinem Zauber ist das Ursprungsland der Bibel. Jörg Zink hat ihn vom Nil bis zum Euphrat, vom Sinai bis zum Libanon bereist und zeigt in diesem Buch eine Fülle von Fotos, welche Landschaften, Menschen, archäologische Kostbarkeiten und imposante Ausgrabungen dem Betrachter so nahebringen, als sei er selbst dort gewesen.

Ausführliche Informationen über weitere Bücher von Jörg Zink finden Sie in unserem Gesamtverzeichnis »Jörg Zink im Kreuz Verlag«, das Sie gerne bei uns anfordern können.